S. Th. Sömmerring

Über die Wirkungen der Schnürbrüste

S. Th. Sömmerring
Über die Wirkungen der Schnürbrüste
ISBN/EAN: 9783743410091

Hergestellt in Europa, USA, Kanada, Australien, Japan

Cover: Foto ©Lupo / pixelio.de

Manufactured and distributed by brebook publishing software (www.brebook.com)

S. Th. Sömmerring

Über die Wirkungen der Schnürbrüste

S. Th. Sömmerring

über die

Wirkungen der Schnürbrüste.

Die Form oder der Zuschnitt der Kleider ist wohl kein Gegenstand der Medicinalpolizei, sondern der medicinischen Aufklärung; höchstens darf der Staat nur da sie bestimmen, wo sie auf seine Kosten angeschafft werden, oder wo er gegen Ertheilung anderer Vortheile sie sich ausbedingen darf.

E. B. G. Hebenstreit, Lehrsätze der medicinischen Poliz. Wiss. Leipz. 1791.

Mit einer Kupfertafel.

Neue, völlig umgearbeitete Auflage.

Berlin, 1793.
In der Vossischen Buchhandlung.

Einleitung.

Spotten und Lächerlichmachen scheinen mir von Einer Seite eben so wenig, als Deklamiren und Lästern von der andern, gegen herrschende Moden und eingewurzelte Vorurtheile zu wirken. Unter Leuten von Erziehung kann der Verstand auf ruhigem Wege bei wichtigen Angelegenheiten unfehlbarer seinen Zweck erreichen. Weder der Spötter, noch der Eiferer, wird uns überreden, daß er sich aus unverfälschtem Wohlwollen, aus hinreichender Theilnahme für unser Bestes bemühe; und weil sie Gewohnheiten abschaffen wollen, zu denen uns ein untadelhaftes Bestreben zu gefallen, oder höchstens Eitelkeit, verleitete, so hindert sie der Verdacht, daß sie gleichfalls nur aus Eitelkeit handeln, an Erreichung ihrer Absicht.

Wir lassen nicht gern über uns spotten, meiden daher den Spötter. Wir lieben Billigkeit, nicht Uebertreibung, in Schilderung unserer Fehler; fliehen daher den Eiferer.

Da ich mit diesen Gedanken gegenwärtige Schrift: Ueber die Wirkungen der Schnürbrüste, als Preisschrift für Herrn Salzmanns Institut bearbeitet hatte, so erkläre ich mir daraus nicht nur den Beifall, den man mir bezeugte, sondern auch die guten Wirkungen, die meine Gründe gegen die Schnürbrüste hin und wieder hatten.

Wenn sonst in unserer Residenzstadt ungeschnürte Frauenzimmer an öffentlichen Oertern sich Anmerkungen aussetzten, so ist es jetzt fast schon umgekehrt. Man lächelt über feste Zusammenschnürung, als eine sonderbare Mode des vorigen Jahrhunderts. Man sieht kaum noch ein Paar zu Drathpuppen geschnürte Mädchen, die jedermann bedauert, daß sie von altmodigen Tanten zur Schau geführt werden.

So ist es aber noch nicht überall in Deutschland, und noch weniger in andern Ländern *).

Ich ließ mich daher zu einer neuen Ausgabe dieser Schrift leicht bewegen.

Vieles habe ich umgearbeitet; manches, was zu subtil schien, gänzlich weggelassen, einiges nicht Unbedeutende hinzugefügt, und um die Hauptsachen vollkommen verständlich und anschaulich zu machen, für genaue Abbildungen gesorgt.

Das am Ende befindliche Verzeichniß von Schriftstellern soll nicht bloß zeigen, daß ich mich bemühete, meine Vorgänger zu nutzen, sondern hauptsächlich, daß die Aerzte nicht versäumten, ihre Mitbürger zu warnen und zu unterrichten; denn seit einem halben Jahrhundert verging fast kein Jahr, in welchem man nicht gegen die Schnürbrüste auftrat.

---

*) Zückert (von der diätetischen Erziehung der Kinder, Berlin 1765.) sagt: Die Nachwelt wird über die Barbarei erstaunen, wenn wir schon jetzt mit Recht das Mordgesetz verabscheuen, welches die Frauen einer gewissen Schweizerischen Stadt zwingt, mit dicken eisernen Schnürleibern in der Kirche zu erscheinen, ein Gesetz, das selbst Schwangere von dieser Tyrannei nicht befreiet, und wovon sich nur erst vor einigen Jahren eine kränkliche Jungfer mit 900 Gulden bei dem wohlweisen Magistrat loskaufen mußte.

Plan meiner Arbeit.

§. 1.

Die Wirkung einer Schnürbrust auf den weiblichen Körper scheint am gründlichsten und sichersten bestimmt werden zu können:

1) wenn man die natürliche Form eines gesunden Brustkörpers (Thorax), und der Theile, welche von der Schnürbrust unmittelbar umfaßt werden, mit der allgemeinen Form einer Schnürbrust vergleicht, und die vorkommenden Unterschiede anmerkt; — denn unstreitig legt man eine Schnürbrust an, um eine Abänderung an der natürlichen äußeren Form hervor zu bringen;
2) wenn man an Frauenzimmern in verschiedenen Perioden ihres Lebens untersucht, welche Veränderungen durch das Schnüren sowohl im Ganzen, als in einzelnen Theilen des Brustkörpers wirklich und beständig erfolgen.

Dieses läßt sich nachher leicht auf die Hauptbestimmungen des weiblichen Geschlechtes anwenden.

Ich folge dem Ideengange, den ich mir seit mehreren Jahren vorgezeichnet hatte; beschreibe die gewöhnliche Beschaffenheit des Brustkörpers nach der Natur, wie sie sich mir zeigte, in beständiger Rücksicht auf die Schnürbrust; und halte mich auch bei Schilderung der durch die Schnürbrüste veränderten Beschaffenheit des weiblichen Körpers nur an eigene Erfahrung, welche ich mir erwarb, als ich durch mancherlei Veranlassungen auf diesen Theil der Diätetik besonders aufmerksam werden mußte.

Häufig hatte ich Gelegenheit, nicht nur durch Schnürbrüste wirklich veränderte weibliche und männliche Körper mit andern, nie einer Schnürbrust ausgesetzt gewesenen, nach Muße zu vergleichen, sondern auch von mir vorausgesagte Veränderungen auf den Gebrauch einer Schnürbrust wirklich erfolgen, und schon angefangene Veränderungen durch Befolgung meines Rathes auf's erwünschteste gehoben zu sehen.

Diese Gelegenheiten vermehrten sich aber sehr ansehnlich durch die Bekanntwerdung meiner Schrift, vorzüglich seitdem ich mich mit der Ausübung der Heilkunde zu beschäftigen anfing.

Auch glaube ich, daß auf dem Wege, den ich einschlug, der größte Theil meiner Sätze sich mit mathematischer Gewißheit darthun läßt, weil wir es hier mit Größen, Figuren, Räumen, Körpern, und mit Vergleichung derselben, den wahren Gegenständen der Meßkunst, zu thun haben.

§. 2.

Die Absicht der Frauenzimmer bei Anlegung oder Empfehlung der Schnürbrust, ist, wenigstens bei denen, welche über die Absicht einer Mode, und die vortheilhafteste Erreichung derselben, nachzudenken pflegen, wohl keine andere, als den Leib unter den Brüsten so schlank, über den Brüsten hingegen so breit, als möglich, zu machen, und zugleich die Schultern mehr nach hinten zu bringen, weil man überzeugt zu seyn glaubt, daß eine hierdurch abgeänderte Form mehr gefalle. Daher geschieht auch die Zusammenschnürung von unten herauf, weil man von oben herunter seinem Zwecke entgegen handeln würde. — Daß man seinen Zweck in Abänderung der natürlichen Form auch erreicht, ist bekannt. — Ueberlegen wir aber kaltblütig, ohne Vorurtheil, was hierbei geschehen soll, und auch wirklich geschieht, so finden wir, daß die Schnürbrüste dem Brustkörper gerade die umgekehrte Form geben sollen, und auch wirklich geben, die ihm die Natur gab. — Dieses lehrt auch die flüchtigste Vergleichung der zweiten und sechsten Figur, die mit der größten Sorgfalt und Genauigkeit in dieser Hinsicht gezeichnet sind.

Ein etwas herabhangender Busen und hervorstehender Leib, sagt Mohrenheim mit Rousseau, sind Schuld, daß sich unsere Frauenzimmer in Schnürleiber einpanzern; denn das gefällt nicht, darum wollen sie anders scheinen, als sie sind und seyn können.

Würde nicht der Körper eines solchen nackenden Bildes das Auge beleidigen, und uns äußerst fehlerhaft scheinen? Wie kann man ihn also ungestaltet unter der Kleidung schön finden? Und, wie kann übrigens das gefallen, was den natürlichen Wuchs des Körpers und seine nöthigen Verrichtungen hindert?

Nach Wegelin legt man Schnürbrüste an, um den Brüsten ein volleres Ansehen zu geben.

Doch, so wie alle Moden gemeiniglich von Einem Extreme ins andere gehen; wie auf den höchsten Kopfputz gemeiniglich der niedrigste zu folgen pflegt: so suchte man auch ganz entgegengesetzte Endzwecke, welche die Mode zu fordern schien, durch Schnürbrüste zu erreichen. Wenn man jetzt Erhöhung und Vorquellung des Busens durch Schnürbrüste gern erzwingen möchte, so wünschten die alten Römerinnen ihren Busen durch ähnliche Maschinen so platt und niedrig, als möglich, zu erhalten.

§. 3.

Bei Verfertigung der Tafel verfuhr ich nach folgenden Ideen.

Zur Grundlage nahm ich in der ersten Figur die Abbildung der Griechischen Venus, welche gemeiniglich die

Mediceische genannt wird, wie sie sich bei G. Audran *) findet, ungeachtet ich nach dem trefflichen zu Florenz gemachten Gypsabguß dieser berühmten Bildsäule, den ich vor mir hatte, leicht eine neue Zeichnung hätte liefern können. Allein, da Audran's Genauigkeit bewährt ist, so ließ ich es um so lieber dabei bewenden, eine Copie seiner Abbildung zu geben, die man, weil Sandrat's Werk in jedermanns Händen ist, leicht mit dem Originale vergleichen, und daher mir nicht vorwerfen könnte, daß ich irgend etwas vielleicht absichtlich verändert hätte.

Nur muß ich erinnern, daß die linke Seite im Kupfer die rechte des Originals, und die rechte im Kupfer die linke des Originals vorstellt; auch daß ich nach dem Original hin und wieder den Umriß zarter habe halten lassen.

Daß der Brustkörper, der Rücken und Unterleib dieser ächt Griechischen Venus idealisch, wunderschön ist, folglich zum Muster eines weiblichen Körpers ohne alles Bedenken angenommen werden kann, ist unter Kennern ohne eine einzige mir bekannte Ausnahme entschieden.

„Die Mitte des Oberleibes, merkt mein Freund, der Verfasser des Ardinghello **) von ihr an, ist kräftig und „gar nicht dünn; die Schultern sind völlig so breit wie die „Hüften, und gehen noch darüber hinaus, sanft vom Halse „herabgesenkt; der Unterleib hat zwei zarte Einwölbun„gen, bis wo die Höhen der Freuden sich heben; der Leib ist „die frischeste, kernigste, ausgebildete Wollust; sie erscheint

---

*) Ich habe meine Copie vom Pariser Original nehmen lassen, weil der Nachstich in Sandrat's Teutscher Akademie der Bau- Bildhauer- und Mahlerkunst, u. s. f. von Volkmann, im zweiten Haupttheil des ersten Bandes, Nürnberg 1771. Folio, doch nicht genau genug erscheint.

**) Seite 276 und 277 der Originalausgabe von 1787.

„von den Seiten her ſchmal, und von dem Rücken breit; — „kurz: es iſt die Erſcheinung eines überirdiſchen Weſens, von „dem man nicht begreift, wo es herkommt, denn es hat hie- „nieden keine Leiden ausgeſtanden; alles iſt zur Vollkom- „menheit **ungeſtört** an ihm geworden." — Sie erhält den „erſten Preis unter den weiblichen antiken Schönheiten, u. ſ. f.

Wer ſieht nicht deutlich, daß der Verfaſſer bei dieſer Schilderung auf die Einſchnürungen unſerer Frauenzimmer Rückſicht nahm!

In dieſen Umriß ließ ich nun mit größter Sorgfalt, und einer Genauigkeit, die wohl nur Kenner wahrnehmen werden, von unſerm überaus geſchickten Zeichner und Modelleur Herrn Keck, nach den ſchönſten weiblichen Skeletten aus meiner Sammlung den knöchernen Bruſtkörper im Zuſammenhange mit den Knochen der obern und untern Gliedmaßen zeichnen. — Wie meine Abbildung von dieſem Theile des weiblichen Skeletts ſich zu Cheſelden's und Sue's ähnlichen Abbildungen verhalte, mögen Andere entſcheiden.

So entſtand die zweite Figur.

Den nämlichen Umriß von dem Rumpfe der Mediceiſchen Venus legte ich nochmals zum Grunde, ließ ihn aber ſo abbilden, wie er durch eine ihm angemeſſene Schnürbruſt nach der neueſten Mode nothwendig hätte verändert werden müſſen, und wie ich dieſe Veränderungen wirklich in der Natur vor mir ſah.

So entſtand die dritte Figur.

Wer Gelegenheit hat, von Jugend auf ſtark geſchnürt geweſene Perſonen nackend zu unterſuchen, wird zuverläſſig meine Darſtellung ſehr mäßig, gewiß nicht im mindeſten übertrieben finden. Selbſt Verfechterinnen der Schnürbrüſte fanden dieſe gezeichnete Taille in der dritten Figur gar nicht zu ſchlank, zu dünn, oder, wie man ſich auch wohl auszudrücken pflegt, zu weſpenförmig.

— Ich will ein Paar Ausmessungen beifügen.

Bei einem noch lebenden hübsch gebildeten Mädchen beträgt der Umfang des Kopfes — 22 Parif. Zoll.

Der Umfang des Leibes bei angelegter Schnürbrust — 21 Zoll, 4½ Lin.

Bei einem andern noch lebenden Mädchen beträgt der Umfang des Kopfes — 18 —

Der Umfang des geschnürten Leibes — 15 —

Der Umfang des Körpers unter den Armen — 30 — 9 —

Also volle drei Zölle hat der Leib im Umfange weniger als der Kopf!

Vergleichen wir dieses mit dem Maße der Griechischen Venus, so finden wir, daß bei ihr der größte Durchmesser oder die Breite des Kopfes 2 Partien 7 Minuten, hingegen der Durchmesser des Leibes in der schmalsten Gegend 4 Partien 8 Minuten beträgt.

Welch ein entsetzlicher Abstand in der Proportion dieser Köpfe zu den Leibern, gegen die Proportion der nämlichen Theile an der Griechischen Venus!

Ich überlasse die Gedanken, deren man sich hierbei nicht erwehren kann, dem Gefühle meiner Leser.

Eine Schnürbrust, welche dieser Venus, nach dem Urtheile der unterrichtetsten Kennerinnen des weiblichen Putzes, passen müßte, stellt die vierte und fünfte Figur von vorn und hinten vor.

Wie sich nun in eine solche Schnürbrust der knöchern-knorpelige weibliche Brustkörper (Thorax) schmiegt, stellt, nach den von mir gemachten Beobachtungen und Erfahrungen, die sechste Figur von vorn, die siebente von hinten dar.

Es bedarf fast keiner Erwähnung, daß die sechste Figur hauptsächlich zur Vergleichung mit der zweiten dient, um nämlich recht augenscheinlich darzustellen, wie auffallend sich das Knochengerüste verändern (verkrüppeln) lassen muß, wenn es in eine Schnürbrust passen soll.

§. 4.

Wir lieben in den Formen unserer Häuser, unsers Hausgeräthes die Griechischen Muster, und suchen sie durch eigenes Studium und durch die größte Kunst, wo nicht zu übertreffen, so doch zu erreichen, oder ihnen wenigstens nahe zu kommen; aber in der Form unserer Körper und unserer Kleider lieben wir noch die steifen altfränkischen Zuschnitte — gerade als wenn wir an uns selbst zuletzt dächten!

Das Lösen dieses Räthsels scheint nicht schwer.

Baumeister studieren die Alten, bilden ihren Geschmack, und zeichnen daher die Formen dem Zimmermanne, Maurer und Tischler vor; ja, wie mancher Kunsttischler in unserm Vaterlande ist nicht durch Talente, Geschmack und Zeichenkunst berühmt!

Bei unsern Trachten hingegen folgen wir blindlings armseligen Schneidern, und im Elende, während der Jugend wenigstens, aufgezogenen Putzmacherinnen.

Daß man dieses fühlte, lehren große Gemählde und Bildsäulen. — Es sey nun, daß der gebildete Geschmack der Mahler und Bildhauer nicht nachgeben konnte, oder daß eigene Ueberlegung uns belehrte; — kurz: in den gewöhnlichen Trachten, in der Schnürleibsform, ließ man sich nicht leicht auf die Nachwelt bringen, weil man selbst besorgte, dadurch ein abgeschmacktes, lächerliches Ansehn zu erhalten.

Daß hier weder von den gewöhnlichen Portraitmahlern, noch von der ungebildeten Volksklasse, noch von den geschmacklosen Gothischen Zeitaltern die Rede seyn kann, ist wohl klar. Diese Klasse von Menschen sieht sich freilich am liebsten im Zunft: ornat abkonterfeyt, läuft aber auch aus vielfarbigen Läppchen zusammengeflickten Röcken nach.

Aeußerst treffend sagt daher Ardinghello *): „Wenn wir
„wenigstens nur noch die Bekleidung der Alten hätten! Bei un:
„serer wirklichen sieht man meistens bloß den Schneider, und
„wenig oder nichts von der eigenen Art des Menschen zu han:
„deln oder sich zu bewegen, und den Formen seines Gewächses;
„und alle Schönheit erliegt und versinkt unter den Fälten und
„Wülsten: oder wird im Gegentheil steif gepreßt und geschnürt
„und mit eckigen häßlichen Lappen ohne Zweck behangen. Die
„Lage der Unterkleider, den Wurf der Mäntel und Togen
„an den Bildsäulen der Alten können wir noch weit weniger
„nachahmen, als die Form der Glieder; denn uns fehlt dabei
„ganz die Natur. Wir suchen uns zwar wie Amphibia mit ei:
„gen gefundener mahlerischer Tracht zu helfen; aber sie bleibt
„fast immer eine bloße Ziererei, ohne Reiz und Wirkung für den,
„welcher Natur und Wahrheit verlangt, und ist aller Täu:
„schung zuwider."

Eine Schilderung der weiblichen Garderobe im Heldenal: ter der Griechen liefert uns Herr Lenz **), woraus ich Folgen: des entlehne.

„Die Griechinnen trugen ein langes, faltiges, nachschleppen: des Gewand, das gemeiniglich Peplus genennt wird. Es war von feinen Stoffen, mit Goldfäden durchzogen und ge: stickt. Auf der Brust wurde es mit einer Nadel befestigt. Die Hüften umgab eine breite Schärpe, die zur Verzierung und

---

*) Zweiter Band, Seite 106.

**) Geschichte der Weiber im heroischen Zeitalter. Hannover 1790. Seite 78.

zur Zusammenfassung des großen Gewandes diente. Diese scheint so gebunden gewesen zu seyn, daß sie hohe Falten an der Brust schlug. Man ließ das Gewand tief bis auf den Fuß herabreichen; nur beim schnellen Laufen scheint man es heraufgezogen zu haben, um ungehinderter fortkommen zu können."

Daß man eben diese Kleidung auf den herrlichsten Statuen und geschnittenen Steinen findet, und daß die geschmackvollsten neueren großen Mahler, ein Reynolds, eine Angelika Kaufmann, bei Darstellung der edelsten, erhabensten weiblichen Gestalten diese und keine andere Bekleidung wählen, bedarf kaum einer Anführung.

Das wäre nun sehr gleichgültig, wenn dergleichen anscheinende Kleinigkeiten nur nicht in andern Rücksichten so wichtig würden; denn die Schnürbrüste schaden nicht bloß dem Aeußern, verderben nicht bloß die Schönheit der Gestalt, sondern wirken auch auf das Innere, untergraben und zerstören auch die Gesundheit, wie ich nun der Ordnung nach zeigen werde.

Brusthöhle im Allgemeinen.

§. 5.

Die festeste Grundlage der Brusthöhle, oder des Thorax, durch welche zum Theil das übrige Weiche bestimmt wird, oder mit welcher man dies wenigstens in untrennlicher Beziehung antrifft, besteht aus Knochen, Knorpeln und Sehnen.

§. 6.

Daß dieses Knochengerüste der Brust das übrige Weiche, die Bänder, Gefäße, Muskeln, Nerven, Häute, Bedeckungen und selbst die Eingeweide bestimmt, zeigt die künstliche Untersuchung des Körpers, wo man bei verhältnißmäßig größern und stärkern Rippen, größere und stärkere Bänder und Muskeln, größere und stärkere Blutgefäße, Saugadern und Nerven, so wie in einer großen, wohl gewölbten, geräumigen Brusthöhle ansehnliche Lungen, antrifft.

Eben so sieht man an Leuten, die an der so genannten Englischen Krankheit, am Scorbut, oder sonst auf eine Art an den zur Brusthöhle gehörigen Knochen litten, daß die weichen Theile, welche die Knochen umgeben, die Muskeln, die Gefäße und Nerven, und die Eingeweide viel von ihrer gesunden Beschaffenheit verlieren.

§. 7.

Auch der wechselseitige Fall tritt, wiewohl seltener, ein, daß veränderte Eingeweide der Brust und des Unterleibes die Knochen der Brust verändern.

§. 8.

Diese Knochen der Brusthöhle, welche in Rippen, Wirbeln und Brustbeinen bestehen, sind im Ganzen durch zwischenliegende Knorpel, Bänder und Sehnenfasern so zusammengefügt, daß sie einigermaßen einen mit der Spitze aufwärts gekehrten, abgestutzten Kegel bilden (s. Fig. 2.), dessen Achse senkrecht mitten durch die Brust geht. Bei einigen Personen ist jedoch diese Brusthöhle von Natur etwas faßartig, oder sie nimmt nach unten zu wieder ein wenig, aber allemal viel weniger und unregelmäßiger, als nach oben zu, kegelartig ab.

Doch wir müssen erst diese Stücke, woraus die Brusthöhle zusammengefügt ist, einzeln betrachten, um von dem Uebrigen, der Form der Brusthöhle, und deren etwaniger Abänderung durch Schnürbrüste, desto deutlicher und gründlicher zu handeln.

Ich beschreibe alle diese Theile, wie ich sie aus wohlgebaueten, gesunden, ausgewachsenen, weder zu jungen, noch zu alten Personen, von achtzehn bis fünf und zwanzig Jahren, in der Natur vor mir habe.

Von den Rippen.

§. 9.

Die Zahl der Rippen ist gewöhnlich zwölf Paare, auf jeder Seite zwölf Rippen; doch trifft man nicht selten oben oder unten ein Paar mehr, folglich dreizehn, an.

Findet sich diese überzählige Rippe oben, so ist sie zwar der ersten Rippe bald mehr bald weniger ähnlich, und durch einen Knorpel oder nur durch ein Band mit den Brustbeinen verbunden, doch nie ihr vollkommen gleich; denn wäre dieses, so hielte man sie für die wahre erste Rippe, zählte alsdann nur sechs Halswirbel, und nennte den untern länglichen, mit den Wirbeln zusammengelenkten Knochen die dreizehnte Rippe.

Findet sich hingegen unten eine dreizehnte Rippe, so ist sie oft so vollkommen einer gewöhnlichen zwölften Rippe ähnlich, daß sie ihr an Stärke und Länge nichts nachgiebt; die zwölfte aber ist alsdann größer und länger, als gewöhnlich.

Bisweilen finde ich einen länglichen flachen Knochen am Wirbel unter dem zwölften Rückenwirbel, welcher die Mitte zwischen einer dreizehnten Rippe und dem Querfortsatze des ersten Lendenwirbels hält, oder den Uebergang von einer Rippe zu einem Querfortsatze macht.

Man will sogar funfzehn Rippenpaare im Menschen gesehen haben.

Aber auch den entgegengesetzten Fall, wo nur eilf Rippenpaare vorkommen, sieht man zuweilen; doch finde ich dann alle Rippen durchaus ungewöhnlich breit, und stärker, als sie eine Brusthöhle von gleichem Umfange bei zwölf Rippen zu haben pflegt.

§. 10.

Von diesen zwölf Rippenpaaren sitzen gewöhnlich sieben Paare, stufenweise nach unten zu verlängert, durch ihre Knorpel am obern und mittleren Brustbeine fest, und heißen deshalb ahre, ächte Rippen; die übrigen fünf falschen, unten Rippen nehmen umgekehrt stufenweise nach unten zu länge ab, so, daß jedoch die achte Rippe noch durch ihren ...pel an die siebente, und die neunte an die achte zu liegen ...t, die zehnte, eilfte und zwölfte aber sich mit ihren Knor... ...ter einander nicht berühren.

...h giebt es häufig Fälle, wo acht Rippen an das Brust... ...ngen, folglich nur vier falsche Rippen übrig bleiben.

§. 11.

... Rippen haben zwar, ausgenommen etwa die letzte Rippe, eine schräge Richtung nach unten, so daß ihr hinteres ...nde höher, als ihr vorderes, zu liegen kommt; allein diese Neigung ist doch an verschiedenen Rippen verschieden.

Hinten aber machen alle Rippen mit der Wirbelsäule fast einerlei Winkel.

§. 12.

Die erste Rippe ist gewöhnlich unter den ächten die kürzeste, breiteste, und auf ihrer obern Fläche rauheste, und stärkste in Ansehung ihrer Kleinheit; sie hat den längsten und schmalsten Hals, und wird in der am wenigsten schrägen Richtung durch den kürzesten, härtesten, aber sowohl an seinem Rippen- als vorzüglich an seinem Brustende breitesten Knorpel unbeweglich an das oberste Brustbein geheftet.

Die zweite, dritte, vierte, fünfte, sechste und siebente Rippe nehmen stufenweise, wie sie tiefer liegen, an Länge, Stärke und schräger absteigender Richtung zu.

Der

Der Knorpel der ersten Rippe steigt gegen das obere Brustbein, an welches er sich festsetzt, abwärts.

Der Knorpel der zweiten Rippe lauft fast horizontal.

Von der dritten bis zur siebenten Rippe fangen die Knorpel immer stärker sich umzubeugen und aufzusteigen an, werden länger und dicker, nehmen aber nach oben zu an der Breite wieder ab, endigen sich rundlich oder eckig, und werden an das mittlere Brustbein förmlich eingelenkt.

Gewöhnlich werden noch überdies die Knorpel der fünften, sechsten, siebenten und achten Rippe unter einander durch einen eigenen absteigenden Fortsatz des über ihm liegenden Knorpels gelenkartig verbunden, so z. B. die sechste durch den Fortsatz der fünften, u. s. f. Bisweilen hängen nur die Knorpel der sechsten, siebenten und achten Rippe, doch auch zuweilen der sechsten, siebenten, achten und neunten Rippe auf diese Art zusammen. Bisweilen fließen gleichsam drei oder vier Knorpel an diesen Stellen in ein unzertrennliches Stück zusammen.

§. 13.

Die achte Rippe ist im Ganzen kürzer, als die siebente, aber in Ansehung ihres Knochentheils die allerlängste, jedoch nicht die stärkste, weil sie am Brustende etwas dünner wird; sie liegt noch schräger, als die siebente. Ihr Knorpel ist schwächer, kürzer, zugespitzter, als der Knorpel der siebenten Rippe; doch hängt er, wie gesagt, durch einen Fortsatz des Knorpels der siebenten Rippe mit derselben zusammen.

Die neunte Rippe ist schon merklich kürzer, auch in allen ihren Theilen schwächer als die achte. Ihr Knorpel ist noch spitzer, und hängt auch zuweilen durch einen Fortsatz der achten Rippe mit derselben zusammen.

Die zehnte und eilfte Rippe sind noch kürzer und durchaus schwächer, sowohl in Ansehung ihres Knochen- als ihres Knorpeltheils, und liegen noch schräger, als die neunte. Ihr Knorpel endigt sich weniger spitz.

Die zwölfte Rippe ist die kürzeste, schwächste und flacheste von allen falschen Rippen, und endigt sich mit dem kürzesten, stumpfesten, oder auch wohl kaum merklichen Knorpel. Oft liegt sie nicht so schräge wie die eilfte, besonders wenn sie ungewöhnlich kurz ist.

§. 14.

Jede Rippe geht an ihrem Brustende in einen Knorpel über, der an dieser Stelle so vollkommen ihre Gestalt und Dicke hat, daß man ihn für eine Fortsetzung der Rippe ansehen muß, und der, so lang er auch an einigen ist, dennoch nie die Länge des Knochentheils seiner Rippe erreicht.

Die Ränder, Ecken, Spitzen, Fortsätze, Unebenheiten, Eindrücke, Löcher, Furchen und Fasern der Rippen übergehe ich, weil sie zu meinem Zwecke nicht dienen.

§. 15.

Die eigene elliptische oder sichelförmige Krümmung der Rippen, verhält sich im Allgemeinen, was den Knochentheil betrifft, so, daß die erste Rippe die krümmste, gebogenste ist, die übrigen aber, bis zur letzten, immer weniger gebogen sind, bis die letzte wenig oder gar nicht mehr gebogen erscheint.

§. 16.

Die Rippen liegen nicht parallel, weil sich nicht nur a) hinterwärts ihre Knöpfchen merklich näher an einander, als ihre Brustenden, befinden; sondern b) auch vorwärts die Knorpel der fünf untern ächten Rippen sich im Aufsteigen so sehr nähern, daß fünf oder sechs dicht an einander zu liegen kommen; c) weil sie selbst nicht überall gleich breit sind;

d) weil ihre Beweglichkeit verschieden seyn sollte; e) weil ihre Seitenflächen eine solche Wendung nehmen, daß ihr oberer von hinten nach vorn zu immer mehr sich schärfender Rand, wie er nach vorn zu niedersteigt, allmählich mehr einwärts zu liegen kommt; folglich lassen sie auch zwischen sich nicht mit Parallellinien begränzte Zwischenräume übrig.

Gewöhnlich ist der Raum zwischen der ersten und zweiten Rippe überall sehr ansehnlich breit; der allerbreiteste aber ist der zwischen der zweiten und dritten Rippe. Die folgenden Zwischenräume nehmen im Ganzen an Breite ab, bis auf die zwei Räume zwischen den drei letzten Rippen. Ueber diesen Umstand darf man aber nicht nach einem trockenen Skelett, wo die Rippenknorpel eingeschrumpft sind, urtheilen.

Dieser Raum zwischen je zwei und zwei Rippen ist zwischen den wahren Rippen gegen die Brustbeine zu, größer als in der Mitte oder hinterwärts. Der längste ist zwischen der siebenten und achten Rippe enthalten.

§. 17.

Wegen der zunehmenden Länge, wegen der größern Absteigung des Knochentheils und Aufsteigung des Knorpeltheils einer Rippe, verbunden mit einem ansehnlichen Zwischenraume und der Art der vordern und hintern Einlenkung, wird die zweite Rippe beweglicher als die erste, die dritte beweglicher als die zweite, die vierte noch beweglicher als die dritte; und so nimmt die Beweglichkeit der Rippen allmählich bis zur vorletzten oder letzten zu.

Die erste wahre Rippe kann, so gelenkig sie auch hinten ist, ohne das Brustbein zugleich mit zu bewegen, sich nicht regen, wegen ihres mit dem Brustbeine unbeweglich verbundenen Knorpels.

Die letzte Rippe ist zuweilen sowohl im Zusammenhange, als für sich allein, unter allen am wenigsten beweglich, und macht gleichsam zu den ganz unbeweglichen Querfortsätzen des ersten Lendenwirbels den Uebergang, und dies theils wegen des kurzen straff angezogenen Querbandes, theils wegen des größeren Winkels, den sie mit der Wirbelsäule macht, theils wegen des an ihr befestigten viereckigen Lendenmuskels.

§. 18.

Unter allen Knochen haben die Rippen, wie man sich davon durch einen Druck an seinem eigenen Körper überzeugen kann, eine ansehnliche Schnellkraft, die wohl hauptsächlich von ihrer bogen- oder reifenartigen und gewundenen Form, und von dem geringen Verhältniß ihrer Dicke zur Länge kommt.

§. 19.

Sehr merkwürdig aber ist es für unsere Absicht, daß die Rippen zu denen Theilen des Knochengerüstes gehören, die am frühesten ausgebildet werden, da man außer dem Gehörorgane keine Knochen so vollkommen in ihrer Art schon im ungebornen Kinde antrifft. — Indessen schmelzen ihre Gelenkknöpfchen (Epiphyses) doch erst gegen die Zeit der Vollendung des Wachsthums aller Knochen mit der übrigen Rippe zusammen.

Von den Wirbeln des Rückens.

§. 20.

Diese Rippen sind, um die Brusthöhle zu bilden, an eine Säule befestigt, welche aus zwölf einzelnen, durch dazwischen liegende Knorpelbänder fest zusammen gelenkten Wirbeln bei ganz wohl gebildeten Leuten in einer von vorn her geraden Linie aufgethürmt ist.

Die Zahl der Rückenwirbel ist, wie die Zahl der Rippen, verschieden; gewöhnlich zwölf, selten dreizehn oder eilf.

§. 21.

Im Ganzen nehmen diese Wirbel, wie sie tiefer liegen, an Höhe, Breite, Dicke und Rundung, so wie die zwischen ihnen befestigten Knorpelbänder an Dicke, regelmäßig zu; daher der vierte Rückenwirbel viel ansehnlicher als der erste, der achte ansehnlicher als der vierte, und der zwölfte ansehnlicher als der achte erscheint; (Fig. I.) daher sogar an jedem einzeln Wirbel der Umfang seiner unteren Fläche größer, als der Umfang seiner obern Fläche, ist.

Deshalb ist diese Säule etwas kegelförmig, fest, sicher, und stark genug, um die ihr zugetheilte Last des Kopfes, der Brust und der Arme mit Leichtigkeit zu tragen, und fähig, die dieser Last erforderliche Bewegung zu gestatten; ja selbst im Stande, einen schnellen und starken Stoß dieser Last bei dem Springen ohne alle Gefahr auszuhalten.

§. 22.

Ferner ist diese kegelförmige Wirbelsäule von vorn nach hinten zu mäßig ausgebogen, so daß die Wölbung dieses Bogens nach hinten gerichtet ist, und seine größte Höhle ungefähr gegenüber dem untern Brustbeine fällt. (Fig. I.)

§. 23.

Bisweilen ist diese Wirbelsäule auch ein wenig in der Gegend ihres dritten, vierten oder fünften Wirbels, von der linken Seite nach der rechten zu, ein wenig ausgeschweift, wie Cheselden glaubte, um dem Herzen besser Platz zu machen;

mehrentheils aber liegen in diesem Falle auch die spitzen Fortsätze hinterwärts, nicht in einer geraden Linie.

§. 24.

An jedem dieser Wirbel unterscheidet man deutlich, auch ziemlich bestimmt, den vordern Theil oder **Körper** vom hintern Theil oder **Bogen**, welcher zwischen sich und dem Körper eine Oeffnung für das Rückenmark übrig läßt; am Bogen selbst aber unterscheidet man wieder sieben Fortsätze, zwei Querfortsätze, vier schräge Fortsätze, und einen Dornfortsatz.

§. 25.

Ueberhaupt aber sieht man aus der siebenten Figur, wie der erste Rückenwirbel zum letzten Halswirbel, und der letzte Rückenwirbel zum ersten Lendenwirbel den Uebergang macht.

§. 26.

Ferner nehmen, wie eben diese siebente Figur zeigt, die Fortsätze, in Vergleich zu ihren Körpern, eher verhältnißmäßig an Stärke ab, als zu; denn offenbar hat der erste Rückenwirbel die stärksten und gröbsten Fortsätze im Verhältnisse zu seinem kleinsten Körper; der zwölfte Rückenwirbel die kleinsten und schwächsten Fortsätze.

§. 27.

Sehr oft wird man den obern Rand eines Wirbelkörpers dem untern gar nicht parallel laufend finden, sondern die rechte Hälfte des Körpers eines Wirbels merklich höher; in diesem Falle sieht man aber auch gewöhnlich, falls nicht Krankheit davon die Ursache ist, den zunächst darüber oder darunter liegenden Körper eines Wirbels auf der nämlichen Hälfte niedriger. Ist z. B. die rechte Hälfte des zweiten Wirbels höher, (und seine linke niedriger), so ist die rechte Hälfte, entweder des ersten oder des dritten Wirbels, niedriger, (und seine linke höher.)

So wird man auch nur selten die Dornfortsätze in einer vollkommen geraden Linie laufen sehen, sondern einer ist rechts, der nächst darunter oder darüber liegende hingegen dafür links, von dieser geraden Linie abgebogen.

Durch diese Einrichtung wird die Mißbildung eines einzelnen Wirbels so sehr verbessert, daß sie der von vorn geraden Aufthürmung der Wirbelsäule keinen Eintrag thut.

§. 28.

Die Rippen werden am frühesten, die Brustbeine später, die Wirbel am spätsten ausgebildet.

Knorpelbänder zwischen den Rückenwirbeln.

§. 29.

Die Knorpelbänder zwischen den Körpern der Wirbel, halten die Wirbel auf das festeste zusammen, ohne Hinderung der Beweglichkeit, wiewohl diese am ganzen Rückgrathe in der Mitte des Brustkörpers am wenigsten auffällt.

Zwischen dem ersten und zweiten, und zwischen dem zweiten und dritten Rückenwirbel, sind diese Knorpelbänder ziemlich dick, aber doch in Ansehung ihres Umfanges nicht so groß, wie zwischen den folgenden, nehmen hierauf allmählich an Umfang und Dicke verhältnißmäßig mit den Wirbelkörpern zu, und bestehen aus knorpeligen und sehnigen, sehr elastischen Fasern.

§. 30.

Nur selten finde ich dieses Zwischenknorpelband ohne anderweitige Veränderung sich verknöchern, so häufig auch Verwachsungen der Wirbelbeine, in hiesiger Gegend wenigstens, vorkommen.

Brustbeine.

§. 31.

Die drei Brustbeine schließen den mittelsten und vordersten Theil des Gerüstes der Brusthöhle, sind durch dünne Knorpelscheiben fest mit einander verbunden, doch gegen einander etwas beweglich. — Das obere ist achteckig; das mittlere länger, und endigt sich nach unten zu stumpf; das dritte, untere, ist das kleinste und dünnste, und endigt sich in eine knorpelige Spitze.

§. 32.

Die Brustbeine sind unter einander so verbunden, daß sie, von der Seite angesehen, im Zusammenhange einen nach vorn erhabenen, nach hinten ausgehöhlten flachen Bogen vorstellen.

§. 33.

Sie stellen ferner von vorn und hinten einen, im Ganzen nach unten zu spitziger werdenden, Körper vor, der jedoch meistens zwischen dem Ansatze des vierten und fünften Rippenpaars etwas breiter wird, dann aber schnell an Breite wieder abnimmt.

§. 34.

An das obere Brustbein, welches dicker, stärker und breiter, als das untere ist, setzt sich außer den Schlüsselbeinen das erste Rippenpaar mit seinen Knorpeln unbeweglich fest.

An der Stelle, wo das obere und mittlere Brustbein zusammenstoßen, ist der Knorpel des zweiten Rippenpaars eingelenkt; und so schließen sich der Reihe nach die Brustenden der übrigen Rippenknorpel bis zum siebenten Rippenpaare, an das mittlere Brustbein.

§. 35.

Ueberhaupt aber liegen die Knorpel des ersten Rippenpaares gewöhnlich am weitesten aus einander.

Die drei oder vier letzten Paare der wahren Rippen setzen sich in immer kleinerer Entfernung, sowohl in Ansehung der Quere als der Länge der Brustbeine, an selbige, so, daß sehr oft die Knorpel des siebenten Rippenpaares einander sogar berühren.

Allemal liegt aber das dritte oder untere Brustbein mehr nach innen zu, so, daß die zusammenkommenden Knorpel des letzten achten Rippenpaares es vorwärts zum Theil bedecken.

§. 36.

Bisweilen geschieht dies in einem fast regelmäßigen Verhältnisse durch alle Rippenknorpel, so, daß die Entfernung zwischen dem Knorpel der ersten Rippe und der Gelenkfläche für den Knorpel der zweiten Rippe die größte, die Entfernung zwischen der Gelenkfläche für den zweiten, und der Gelenkfläche für den dritten kleiner, u. s. f. immer geringer wird, bis die Entfernung zwischen dem sechsten und siebenten Rippenknorpel die allerkleinste ist.

§. 37.

Wegen der stufenweisen Verlängerung der Knorpel der wahren Rippen, welche zwischen sich die Brustbeine aufnehmen, kommt das Ende des mittleren Brustbeins oft mehr als noch einmal so weit, als das obere, von der Wirbelsäule zu liegen.

§. 38.

Noch niemals habe ich die Brustbeine nur einigermaßen genau angesehen, ohne sie sowohl im Ganzen als in ihren Theilen auffallend unsymmetrisch zu finden. Symmetrisch sind auch nicht die sonst schönen Brustbeine des herrlichen Ideals eines männlichen Skeletts bei Albinus.

Brusthöhle.

§. 39.

Wir sehen also, daß die aus einem Gerüste von Rippen, Wirbeln, Brustbeinen und Knorpeln zusammengesetzte Brusthöhle zu oberst am engsten ist; (§. 10. 12.) dann wegen zunehmender Länge der Rippen, (§. 10.) wegen der rückwärts sich wölbenden Wirbelsäule; (§. 22.) wegen des Bogens der Brustbeine, (§. 32.) und wegen der weit größern Entfernung des untern Randes des untern Brustbeins, als des obern, von der Wirbelsäule (§. 37.) nach unten zu allmählich sich erweitert, bis sie tiefer nach unten zu wegen abnehmender Länge der falschen Rippen, (§. 10.) wegen der vorspringenden dickeren Wirbelkörper, (§. 21.) und wegen der Krümmung der Brustbeine am untern Ende, (§. 32.) allmählich zwar sich wieder verengert, immer aber noch sehr viel geräumiger als oben bleibt; folglich im Ganzen doch mehr kegelartig als faßförmig erscheint. (Fig. II.)

§. 40.

Wir sehen, wie durch die in dieses Gerüst vortretende Säule, die aus den Körpern der Wirbel (§. 20.) gebildet ist, und an die sich die Rippen fügen, die Brusthöhle selbst in zwei Hälften, eine rechte und eine linke, geschieden wird.

§. 41.

Wir sehen ferner, daß diese Höhle, wegen der nach vorn zu flach werdenden Rippen, vorzüglich ihrer Knorpel, und der Breite der Brustbeine, vorn etwas **flacher oder platt gedruckt** erscheint.

§. 42.

In den **Seiten** aber hat sie die meiste und stärkste elliptische Wölbung.

§. 43.

Hinterwärts scheint sie außerhalb wohl flächer als seitwärts; allein inwendig ist diese Höhle offenbar zu beiden Seiten am stärksten gekrümmt.

Einigen scheint die rechte Brusthöhle von der Beugung des dritten und vierten Rückenwirbels (§. 23.) gewölbter als die linke, und deshalb stärker, auch für die Stärke des rechten Armes bequemer; daher man auch den rechten Arm stärker fühle.

§. 44.

Der **Ausschnitt**, welcher vorn zwischen den Knorpeln des letzten Paares der wahren Rippen, und den Knorpeln der folgenden drei oder vier Paare der falschen Rippen begriffen ist, in dessen Mitte die Spitze des untern Brustbeins hinabragt, und bloß durch Fleisch und Haut ausgefüllt wird, ist dreieckig, doch an Höhe und Breite sehr verschieden.

§. 45.

Bei horizontaler Durchschneidung dieses Kegels der Brusthöhle, würde die größte Fläche ungefähr in die Gegend der siebenten oder achten Rippe von vorn her fallen; folglich muß auf eine Ausdehnung oder Zusammendrückung dieser Gegend die ansehnlichste Veränderung in Ansehung der Vergrößerung oder Verengerung seines Inhalts erfolgen.

§. 46.

Diese Veränderung in Ansehung der Größe des Raums der Brusthöhle tritt ein, wenn die Rippen beim Einathmen in die Höhe gezogen worden, so, daß die erste nur wenig steigt, die zweite ihr folgt, die dritte wegen ihrer größeren Beweglichkeit noch leichter gegen die zweite, als die zweite gegen die erste, und so ferner die folgenden bis zur zwölften immer leichter angezogen werden.

Zu gleicher Zeit werden die Brustbeine in die Höhe geschoben, von der Wirbelsäule entfernt; doch tritt ihr unterer Rand verhältnißmäßig stärker als der obere ab. Die Stelle, wo sich das obere Brustbein mit dem mittleren verbindet, beugt sich in einen Winkel, und hindert dadurch, daß die Stelle, wo das Herz liegt, nicht mehr erweitert wird. — Und umgekehrt, folgen die Rippen einer Heraufziehung der Brustbeine.

Einigermaßen läßt sich diese Erweiterung und Verengerung der Brusthöhle mit dem Aufziehen und Zusammendrücken eines Blasebalgs vergleichen.

Zuweilen wird die Brusthöhle im lebendigen Menschen meistens schnell und heftig in einen kleineren Raum zusammengezogen, als der ist, welchen sie im gewöhnlichen Zustande nach ruhig vollendeter Ausathmung einnimmt; hier werden die Rippen gleichsam krampfhaft herunter gerissen, z. B. bei dem Niesen.

§. 47.

In beiden Fällen aber, 1) der Erweiterung, und 2) der Verengerung, ist die Veränderung des Raums der Brusthöhle hinten viel weniger ansehnlich als vorn, weil die Rippen nur wenig in ihren hintern Gelenken gedreht, mit ihrem Vordertheil hingegen, zusammt den Brustbeinen, zugleich beträchtlich in die Höhe gezogen, und von der Wirbelsäule weggeschoben werden.

§. 48.

Von den Knorpelbändern zwischen den Wirbelkörpern (§. 29.) hängt es hauptsächlich ab, daß die Brusthöhle, so wie der übrige Rückgrath durch langes Aufseyn verkürzt, durch langes Liegen auf dem Rücken wieder verlängert wird.

Diese Knorpelbänder nämlich, werden durch die Last des Körpers, welche auf die Wirbelsäule während des Aufseyns drückt, jeder für sich etwas zusammengepreßt, oder ihre Feuchtigkeit ein wenig ausgedrückt, die Höhe der Wirbelsäule im Ganzen also sehr merklich, besonders bei jungen saftreichen Personen, verringert; im Liegen auf dem Rücken aber wird diesen Knorpelbändern so viel wieder an Feuchtigkeit und Schnellkraft ersetzt, als sie während des Aufseyns verloren hatten, folglich dadurch die vorige Höhe der Wirbelsäule wieder hergestellt.

Deshalb ist man in jüngern Jahren des Abends sichtlich kleiner, des Morgens nach der Ruhe größer.

Vielleicht wachsen deshalb unruhige lebhafte Kinder weniger hoch, als schläfrigere.

Folglich wird hier in dem einen Falle auch die Brusthöhle weiter, in dem andern enger.

§. 49.

Diese Knorpelbänder zwischen den Wirbeln sind auch Ursache, daß sich die Wirbelsäule am meisten vorwärts und rückwärts, weniger seitwärts, (das ist: rechts und links,) und in alle mögliche zwischen diese vier Hauptrichtungen fallende schiefe Richtungen beugen läßt.

Oft muß nämlich diese Säule von ihrer geraden Richtung (§. 20.) abweichen, um die Last des Körpers in's Gleichgewicht zu bringen; z. B. wenn man mehr auf dem einen als auf dem andern Fuße ruhig steht, und die Last des Körpers oberhalb sich nach der andern Seite hin begiebt, muß sich die Wirbelsäule beugen, und die Wölbung nach der entgegengesetzten Seite richten.

Zu gleicher Zeit werden dadurch auf der Seite des jetzt fast allein stützenden Fußes die Rippen etwas zusammengeschoben, auf der andern aber von einander entfernt.

Folglich wird auch hier die Brusthöhle auf der Seite, wo die Rippen zusammengehen, verengt; auf der andern, wo sie von einander gehen, erweitert.

Dieses sieht man deutlich in der zweiten Figur, welche auf dem rechten Fuße ruht.

§. 50.

Ferner ist offenbar die Veränderlichkeit der Brusthöhle beim Drehen, Vorwärtsneigen, Rückwärtsneigen, Rechtsbeugen und Linksbeugen, in so fern sie von den Knorpelbändern zwischen den Wirbelkörpern, von der Richtung der Dornfortsätze, und von der Lage der Rippen bestimmt wird, durchaus unten stärker als oben.

Beim Vorwärtsneigen und Rückwärtsneigen, beim Rechtsbeugen und Linksbeugen geschieht dieses hauptsächlich wegen der zunehmenden Dicke der Knorpelbänder, bei dem Rückwärtsneigen auch noch wegen der sich weniger hindernden Dornfortsätze der Wirbel; und beim Drehen noch wegen der sich nicht mehr hindernden Rippen, welche einander gegenüber fast wie Strebebalken just dort anliegen, wo die Säule sich nur allein zu drehen vermag.

§. 51.

Im Ganzen scheint zwar die Brusthöhle ziemlich symmetrisch, und folglich die rechte Hälfte der linken gleich; allein sehr genau darf man dies nicht nehmen, da wir oft die eine Hälfte stärker gebauet, etwas geräumiger, auch ein wenig anders gestaltet finden, z. B. gewölbter, flacher, u. s. f. als die andere, ohne daß wir deshalb dies für angeborne Mißbildung oder sonstige Verunstaltung durch Krankheit ausgeben dürfen, weil doch die Natur dieses wieder durch eine kleine Abänderung auf der andern Seite fast unmerklich, wenigstens ganz unschädlich macht. (§. 27.) Vorzüglich ist dies bei den Rippen auffallend. Ich finde nur selten eine rechte Rippe (versteht sich: nach den Gesetzen der Symmetrie) genau der gegenüber liegenden linken ähnlich.

a) Bisweilen sind durchaus alle Rippen auf der rechten Seite länger, breiter und stärker, als die auf der linken; bisweilen sind umgekehrt die linken stärker.

b) Vorzüglich finde ich die vier untern Rippen an Länge und Größe auffallend differiren; am meisten unter allen aber differirt die letzte, die man oft, ungeachtet ihrer Kürze, doch bis um einen Zoll auf der einen Seite von der andern verschieden sieht.

c) Bisweilen ist eine Rippe auf der einen Seite ohne alles Verhältniß breiter, als die ihr gegenüber liegende.

d) Dies geht so weit, daß eine Rippe zuweilen ein Loch in der Mitte wegen der größern Breite nur auf Einer Seite zeigt;

e) Oder daß eine Rippe auch wohl gar gespalten wird, und sich mit zwei Knorpeln an die Brustbeine befestigt.

f) Oder umgekehrt; zwei Rippen setzen sich nur auf Einer Seite durch einen gemeinschaftlichen Knorpel an die Brustbeine *).

g) Bisweilen ist ein unvollkommener Rippenknorpel gleichsam als Ausfüllungsstück (Supplement) zum vorigen umgekehrt, und liegt mit dem stumpfen Ende am Brustbeine, mit der Spitze gegen den andern Knorpel **).

h) Bisweilen ist eine Rippe auf der einen Seite merklich anders gebogen, als auf der andern.

i) Oft findet man den Rippen-Knorpel auf der einen Seite viel länger, dicker, breiter und anders gebogen, als auf der gegenüber liegenden.

k) Bisweilen fließt nur auf der Einen Seite der Knorpel einer Rippe mit dem Knorpel einer andern zusammen, von welchem er sonst getrennt ist (s. Fig. II. linke Seite); bisweilen geschieht dies mit mehrern Knorpeln.

l) Nur selten setzen sich die Knorpel genau gegen einander über an die Brustbeine; gemeiniglich sind sie auf der einen Seite tiefer oder höher, als auf der andern, an den Brustbeinen eingelenkt.

m) Bisweilen gelangt der Knorpel der siebenten Rippe von der einen Seite nicht bis zum mittleren Brustbeine hinauf, sondern stößt an den Knorpel der siebenten Rippe von der andern Seite.

n) Daher ist der dreieckige Raum zwischen dem Knorpel der letzten wahren und den Knorpeln der drei oder vier falschen Rippen selten symmetrisch.

o) So

---

*) Albinus Annotationes academicae, Lib. II. Tab. VII. Fig. 2. — Chefelden Osteographia, Tab. XVII. Fig. 2.
**) Chefelden, Tab. XVII. Fig. 2.

o) So finden wir auch hinterwärts die Einlenkung der Rippen an den Wirbelbeinen merklich auf der einen Seite anders, als auf der andern; z. B. bisweilen macht auf der rechten Seite die ganze Reihe der Rippenköpfe einen tiefern Eindruck auf die Körper der Wirbel, als auf der andern Seite.

p) Oder da das Köpfchen der Rippe zwischen je zwei und zwei Wirbelkörpern eingelenkt ist, so hat bisweilen an dieser Einlenkung auf der rechten Seite der obere, auf der linken der untere Wirbel mehrern Antheil.

q) Zuweilen liegt die rechte Rippe mit ihrem Köpfchen mehr nach vorn, als die linke gleichnamige.

r) Bisweilen sind zwei, ja wohl mehr Rippen, durch ein Mittelstück zusammen geflossen.

s) Man sah die vierte und fünfte wahre Rippe am hintern Theil, in der Gegend des Gelenkhügelchens, durch Fortsätze zusammen geflossen, und ein Mittelknöchelchen zwischen ihnen sich befinden *).

t. u. v. w.) Man sehe hier nach, was ich von der zuweilen bemerklichen Ausbeugung des dritten oder vierten Wirbels (§. 23.); von der obern mit der untern nicht parallel laufenden Fläche eines einzelnen Wirbels (§. 27.); von den nicht in senkrechter Richtung heruntersteigenden Dornfortsätzen (§. 27.); von den unsymmetrischen Brustbeinen (§. 38.) u. s. f. beigebracht habe, und was ich von der größern Schwere und kräftigeren Wirkung eines Arms (§. 57.) noch sagen werde.

---

*) Leveling Obs. anatomicae rariores, Fasc. I. pag. 152. Tab. V. fig. 6.

Feinerer Unterschiede, die ich ebenfalls sämmtlich in der Natur besitze, gedenke ich hier nicht; diese mußte ich aber, als in der Folge nothwendig, anführen.

Krankheiten, die eine Brusthöhlenhälfte verändern, gehören nicht hieher. — Kurz: ich, für mein Theil, habe nie eine vollkommen symmetrische Brusthöhle gesehen.

Verbindung des Brustkörpers mit den Armen.

§. 52.

Ueber dem Brustkörper (Thorax) sind die Arme so angebracht, daß der Winkel zwischen den Schlüsselbeinen und Schulterblättern, unter dem der eigentliche Arm herabhängt, den obern Theil des Brusthöhlenkörpers gleichsam umschließt, und von obenher bedeckt.

§. 53.

Die Schlüsselbeine kommen sich so nahe, daß sie durch ein kurzes festes Band unter einander verbunden, und zugleich mit dem obern Brustbeine fest eingelenkt sind.

§. 54.

Die mit Muskeln bedeckten Schulterblätter (Fig. II. und Fig. VII.) passen mit ihrer Aushöhlung auf die Erhabenheit der gleichfalls mit Muskeln bedeckten Brust, und spielen frei und leicht in dem Raume über der ersten und neunten Rippe aufwärts und abwärts, und zwischen den Dornfortsätzen der Wirbelsäule und dem Bogen der Rippen einwärts und auswärts, und in allen schiefen dazwischen fallenden Richtungen.

§. 55.

Hieraus erhellet, daß keine Veränderung der Form des Brusthöhlengerüstes an der Stelle, wo die Schulterblätter anliegen, geschehen kann, ohne die Schulterblätter zugleich aus ihrer Lage zu bringen. Erhöhen sich z. B. die vierte und fünfte Rippe aufwärts an dieser Stelle, so verschieben sie zugleich mit das Schulterblatt, (folglich dadurch auch den Arm aufwärts, u. s. f.). Verschieben sich die zweite, dritte, vierte, fünfte oder sechste Rippe nach hinten, so muß natürlich auch das Schulterblatt folgen.

Und umgekehrt, muß ein hinreichender Druck auch die Schulterblätter endlich auch die Form der Rippen, und somit auch der Brusthöhle, ändern.

§. 56.

Die Muskeln, welche zwischen den Brusthöhlenknochen, dem Schlüsselbeine, Schulterblatt und Arme liegen, bewegen also wechselweise bald das Oberarmbein gegen die Brusthöhle, bald verändern sie die Brusthöhle gegen das Oberarmbein, bald beide zugleich gegen einander.

Daher bringt eben sowohl ein Aufschwellen und Verengern der Brusthöhle den obern Theil des Arms aus seiner Lage, als umgekehrt die zu stark und oft bewegte Schulter den oberen Theil der Brust allmählich verzieht.

Daher finde ich, daß bei Haarkräuselern, welche beständig nur mit der einen Hand den Kamm führen, mit der andern hingegen das Haar ruhig halten, mit der Zeit sich die Brusthöhle durch die anhaltende Wirkung der Muskeln der Schulter auf der arbeitenden Seite erhöht, so daß nun auch das ruhige Schulterblatt höher über ihr liegen muß. — Man nennt dies im gemeinen Leben eine hohe Schulter; es ist aber im

Grunde ein wahrer Buckel, wie auch die zweite Figur ganz deutlich zeigt.

§. 57.

Es ist eine bekannte Erfahrung, daß gemeiniglich ein Arm länger, dicker, schwerer und stärker als der andere angetroffen wird. Folglich ist auch bei gleich starken Brusthälften die Wirkung seines Gewichts, seines Drucks und seiner Muskelkraft auf die Hälfte der Brusthöhle seiner Seite, von der Wirkung des schwächern Arms auf die andere Brusthälfte verschieden.

§. 58.

Noch liegen vorwärts zu beiden Seiten im Raum zwischen der zweiten und fünften Rippe auf den Muskeln unter der Haut die ansehnlichen Milchdrüsen, oder die so genannten Brüste.

Eingeweide der Brusthöhle.

§. 59.

In diesem aus Rippen, Wirbeln, Brustbeinen, Knorpeln und Bändern gebildeten Gerüste, dessen Zwischenräume Muskeln und Sehnen ausfüllen, das innerhalb mit einer dichten Membrane, dem Brustfell, ausgekleidet, und von außen her durch den Ueberzug der Haut zu einer wahren Höhle vollendet wird, befinden sich beim Menschen: die Lungen, welche ohne Vergleich den größten Raum einnehmen; das Herz; die Stämme aller Arterien, Venen und Saugadern, nebst ihren Drüsen; viele Nerven; die Luftröhre; der Schlund; die Thymus; außer beiläufigem Fett, welches sich als Polster auf die Rippen, zwischen ihre Beinhaut und das Brustfell, oder um das Herz, oder in die Brustscheidewände legt.

§. 60.

Ferner nimmt diese Höhle unterhalb, außer dem ringsum gewölbartig in ihr angehefteten Zwerchmuskel, noch die Leber, den Magen und die Nieren, nebst verschiedenen Stücken des Darmkanals auf.

§. 61.

Und so hat dieses Gerüst, durch die Verbindung mit den Bauchmuskeln und Lendenmuskeln, und den unzertrennten Uebergang ihrer allgemeinen Decke zum Unterleibe, auch an der Bildung der Bauchhöhle großen Antheil, und auf den ganzen Darmkanal und alle übrigen in der Bauchhöhle enthaltenen Gefäße u. s. f. den größten Einfluß.

Und da die Bauchhöhle innerhalb durch nichts von der Beckenhöhle, den in ihr liegenden Zeugungstheilen und der Harnblase geschieden wird, vielmehr durch eine gemeinschaftliche glatte Haut das Bauchfell mit ihr ausgekleidet ist, so erhellt, daß keine Veränderung des Raums in der Brusthöhle vorgehen kann, ohne zugleich den Raum in der Bauchhöhle und Beckenhöhle zu ändern.

Es erhellt, daß umgekehrt keine Veränderung des Raums in der Bauchhöhle und Beckenhöhle vorgehen kann, ohne zugleich den Raum der eigentlichen Brusthöhle zu ändern.

Endlich, da die Arterien und Venen der Brust- und Bauchhöhle mit denen im Kopfe in offenem Zusammenhange stehen; so kann auch keine beträchtliche Raumveränderung in der Brust- oder Bauchhöhle erfolgen, ohne die Kopfhöhle zugleich mit zu interessiren.

So ist alles zum Leben, zur Erhaltung und zur Fortpflanzung des Menschen Nothwendige in den bewundernswürdigsten Zusammenhang gebracht!

Unterschied der weiblichen und männlichen Brusthöhle.

§. 62.

Bisher habe ich die Eigenschaften der Brusthöhle, in so fern sie beiden Geschlechtern gemein sind, aus einander gesetzt; woher alles, was hier gesagt worden ist, auch von beiden Geschlechtern gilt.

Allein, um in der Folge gewisse Erscheinungen, die beim Gebrauche der Schnürbrüste vorkommen, zu erklären, und um diese Erklärung darthun zu können, muß ich die sichtlichen, an jedem nur einigermaßen wohlgebaueten und gut ausgearbeiteten Gerippe bemerklichen, Unterschiede angeben.

§. 63.

Man wird sich wundern, wenn man diese Herrechnung der Unterschiede liest, sie in der Natur selbst bei der Prüfung bestättigt sieht, und dennoch der meisten bei keinem der berühmtesten Knochenlehrer gedacht findet; wie sie so lange haben übersehen werden können, ob sie gleich so beträchtlich und auffallend sind.

§. 64.

Indessen, um allen Einwendungen zu begegnen, ist die Erinnerung nicht überflüßig, daß, so wie man überhaupt weibliche Körper antrifft, welche in mehrerer Rücksicht weit männlicher als viele unseres Geschlechtes sind, so wie umgekehrt viele Männer mehr weiblich, als viele Frauen scheinen, dieses vorzüglich in Ansehung der festen Grundlage oder der Knochen Statt findet. Daher wird man nicht erwarten, daß genau alle und jede Charaktere in jedem weiblichen und männlichen Gerippe zutreffen sollen; genug, wenn es bei weitem die meisten thun, welches gewiß der Fall ist, wenn man verhältnißmäßig vollkommene weibliche Körper, mit verhältnißmäßig vollkommenen männlichen vergleicht.

§. 65.

Nach diesen von mir bemerkten Charakteren bin ich völlig überzeugt worden, daß die Originale zu den ziemlich richtig gezeichneten und schön gestochenen Abbildungen von einzelnen Knochen bei Bidloo durchaus zu einem weiblichen Skelett gehörten; man kann folglich Bidloo's Kupfer *) einstweilen als ein Muster von natürlich beschaffenen einzelnen weiblichen Knochen, und Trendelenburg's **) Zeichnung als richtig über ihren Zusammenhang, mit Albinus's Kupfern, als dem Muster von männlichen Knochen, vergleichen.

§. 66.

Daß verhältnißmäßig alle Knochen des ganzen weiblichen Körpers, folglich auch die Knochen der Brusthöhle, in Vergleichung des männlichen überhaupt, kleiner, schwächer, dünner, glätter, später sich ausbildend, und, ich möchte fast sagen, feinfaseriger sind, ist bekannt.

Neu scheint mir hingegen die allgemeine Anmerkung: daß, wenn auch ein weiblicher Knochen von gleicher Länge, und an seinen Enden, wo er sich mit andern Knochen verbindet, von gleichem Umfange mit einem männlichen angetroffen wird,

---

*) Bidloo's Kupferplatten sind bekanntlich von Cowper gekauft und wieder abgedruckt, von Manget aber in seinem Theatro anatomico leidlich nachgestochen worden; und so sind diese Abbildungen noch gemeiner als die Albinschen.

**) S. seine Dissertatio de sterni costarumque in respiratione motus ratione. Goetting. 1779.

die dazwischen liegende Knochenmasse von kleinerem Umfange, dünner, schmäler oder gesparter erscheint.

Weibliche Rippen.

§. 67.

Weibliche Rippen sind a) dünner, als die männlichen, bei zartgebauten Frauenzimmern fast halb durchsichtig; b) weniger gewölbt, so wohl auf ihrer inneren als ihrer äußeren Fläche. Daher wird c) ihr oberer und unterer Rand schärfer; d) der kleinere Bogen ihrer Sichel ist, in Verhältniß zum größern Bogen, ein Segment von einem kleineren Cirkel, die Wirbelbeine treten daher gleichsam tiefer in die Brust hinein, und ein Lineal hinten auf die rechte und linke siebente und achte wahre Rippe zugleich gelegt, berührt die Dornfortsätze der Wirbel mehrentheils gar nicht. e) An der Stelle, wo sich der Rückgrathsstrecker anlegt, und eine rauhe schiefe Linie hervorbringt, scheinen sie eckiger; f) fast von der dritten Rippe an, scheinen sie mir gewundener, besonders, wenn man sie einzeln auf eine Fläche legt; g) ihr Brustende nimmt nicht so stark an Breite wieder zu; h) und in Verhältniß zu ihrem Knochen haben sie weit längere, und verhältnißmäßig schwächere Knorpel; i) wegen aller dieser Eigenschaften zusammen genommen, werden sie elastischer, als die männlichen, und lassen sich mit einer geringeren Kraft krumm beugen; k) die stufenweise Abnahme der falschen Rippen an Länge nach unten zu, von der achten bis zur zwölften erfolgt viel schleuniger, oder in stärker steigendem Verhältniß; wenn z. B. im männlichen Körper die Länge der

	rechter Seits		linker Seits	
achten Rippe	8 Zoll	3 Lin.	7 Zoll	11 Lin.
neunten —	7 —	6 —	7 —	4 —
zehnten —	6 —	10 —	6 —	10 —
eilften —	5 —	10 —	5 —	9 —
zwölften —	4 —	5 —	4 —	4 —

beträgt; so beträgt sie bei dem weiblichen Körper

	rechter Seits		linker Seits	
an der achten Rippe	7 Zoll	5 Lin.	7 Zoll	3 Lin.
neunten —	6 —	9 —	6 —	10 —
zehnten —	5 —	11 —	5 —	11 —
eilften —	4 —	$5\frac{1}{2}$ —	4 —	11 —
zwölften —	1 —	3 —	2 —	5 —

l) Ich finde daher, daß, wenn auch beim männlichen Geschlechte die letzte Rippe die Länge der ersten Rippe übertrifft, oder beibehält, dieses bei wohl gebildeten Frauenzimmern nicht der Fall ist, wo die letzte Rippe meistens viel kürzer, als die erste, erscheint. m) Mehrere dieser einzelnen Umstände zusammengenommen zeigen, daß die Rippen, besonders die unteren, im Ganzen auch beweglicher seyn müssen. n) Einigen Zergliederern scheint vom Drucke der Brüste oder Milchdrüsen die dritte und vierte Rippe etwas niedergedrückt und flach; doch finde ich dieses nicht oft genug, um es als allgemein anzugeben.

Weibliche Rückenwirbel.

§. 68.

Die weiblichen Rückenwirbel scheinen verhältnißmäßig zu ihrer Breite a) höher, als die männlichen, z. B. wenn der letzte Rückenwirbel beim weiblichen Geschlechte an Höhe eilf Linien, beim männlichen einen Zoll hat; so hat er beim weiblichen in der Breite einen Zoll Eine Linie, beim männlichen einen Zoll sechs Linien; b) auch weit mehr in ihrem Umfänge, besonders zu den Seiten, ausgeschweift; c) ihre Querfortsäße sind stärker nach hinten gebogen, machen daher die Furche, welche zwischen ihnen und den Dornfortsäßen hinterwärts der Länge nach am Rücken zu beiden Seiten der Dornfortsäße herunter läuft, tiefer; d) der Dornfortsaß ist schärfer; e) kürzer; f) und absteigender; g) die Aushölung nach hinten zu am Körper des Wirbels für den Kanal des Rückenmarks ist stärker; h) so wie der ganze Kanal geräumiger; i) die Seitenöffnungen des Kanals für das Rückenmark, in welchen die Nerven und Blutgefäße liegen, und welche zwischen dem vom Körper des Wirbels abgehenden Bogen und dem Wirbelkörper selbst gemeinschaftlich zwischen je zwei und zwei Wirbeln, doch allemal mehr von dem obern solcher zwei Wirbel als von dem untern, gebildet werden, sind viel weiter; k) im Ganzen bestättigt sich folglich auch an jedem einzelnen Wirbelbeine die von mir oben (§. 66.) über weibliche Knochen gemachte allgemeine Anmerkung: daß, wenn auch die zwei Gelenkflächen der Körper der Wirbelbeine, welche der zwischenliegende Knorpel zusammen heftet, ferner die vier Gelenkflächen für die Rippen, und die vier Gelenkflächen auf den schrägen Fortsäßen, und die zwei auf den Querfortsäßen, folglich alle zwölf Gelenkflächen, an einem weiblichen Wirbel die völlige Ausdehnung eines männlichen haben, die zwischen ihnen liegende Knochenmasse geringer, oder, daß ich mich so ausdrücke, sparsamer erscheint.

Weibliche Brustbeine.

§. 69.

An den weiblichen Brustbeinen habe ich einen ziemlich beständigen Unterschied von den männlichen, in Ansehung des

Verhältnisses zu einander, gefunden, so, daß sich bei weitem in den meisten Fällen bestimmen läßt, zu welchem Geschlechte sie gehört haben; ja, bei vielen nicht zu fetten Personen wird man sich schon im Leben, so wie bei den schönsten antiken Statuen, von der Wahrheit meiner Bemerkungen überzeugen können. Doch muß ich nochmals erinnern, daß ich hier von einer wohlgebauten weiblichen Brust spreche.

a.) Das obere Brustbein nämlich ist, im Verhältniß zu dem mittleren, beim weiblichen Geschlechte gewöhnlich viel größer, als beim männlichen; sehr oft so groß, daß bei weitem seine Länge nicht zweimal im mittleren enthalten ist; da hingegen beim männlichen Geschlechte das mittlere Brustbein das obere meistens zweimal, auch wohl darüber, an Länge übertrifft *).

b) Auch scheint mehrentheils das obere Brustbein stärker, im Verhältniß zu dem mittleren.

c) Dieses finde ich oft sogar schon von der frühesten Jugend an, zuweilen selbst schon in Embryonen.

d.) Ich finde die Spitze des mittleren oder unteren Brustbeines zwar, wie die übrigen Brustbeine, kleiner, aber in ihrem obern Theile so gut, wie im männlichen Geschlechte, knöchern, und oft schon früh, vor Ausbildung anderer Knochen, mit dem mittleren Brustbeine zu einem einzigen Stücke zusammengeschmolzen.

e) Im Verhältniß zu den Rippen sind sie gewöhnlich kürzer; daher

---

*) Recht schön ist dies von Bidloo und Trendelenburg ausgedrückt; desgleichen bei Camper, Betrachtungen über einige Gegenstände der Geburtshülfe. Taf. I. Fig.

f) der untere Rand des mittleren Brustbeins ungefähr in die Horizontallinie zwischen den tiefsten Punkten des vierten Rippenpaares fällt.

g) Findet man unter den weiblichen Brustbeinen das mittlere so lang, daß es zweimal die Länge des obern hält, so ist es ungewöhnlich schmal; so wie man, wenn das männliche obere Brustbein nicht zweimal in der Länge des mittleren enthalten ist, es ungewöhnlich schmal antrifft.

Weibliche Schlüsselbeine.

§. 70.

Die weiblichen Schlüsselbeine scheinen gerader zu seyn, als die männlichen, um die Schulterblätter zu den breiten Hüften proportionirt abstehend zu machen und sie gehörig nach hinten zu bringen. Bei dem männlichen Geschlechte hingegen sind sie krümmer, um die Schulterblätter mehr nach vorn zu bringen, als es der Fall seyn würde, wenn sie gerader wären, weil sie als Strebebalken die Entfernung des Schulterblattes vom obern Brustbeine bestimmen, und ihre Krümmung bei dem männlichen Geschlechte sich mehr nach der Form der Brusthöhle bequemt.

Am geradesten scheinen sie bei Frauenzimmern, welche in Schnürbrüsten aufgewachsen sind.

Weibliche Brusthöhle.

§. 71.

In so fern nun diese Theile zur Brusthöhle beitragen, finde ich von ihnen folgende Verschiedenheiten zwischen beiden

Geſchlechtern hervorgebracht. Im Ganzen iſt die weibliche Bruſthöhle ſchon weit mehr faßartig, als die männliche; auch ſcheint ſie im ganzen Umfange rundlicher. Die Reihe der Dornfortſätze ſpringt hinterwärts lange nicht ſo ſtark hervor, a) wegen der nach hinten zu krummen Rippen, b) wegen der ſchwächeren Spitzen, und c) wegen der ſtärkeren Zurückbeugung der Querfortſätze. Der Ausſchnitt zwiſchen den Knorpeln der ſiebenten, achten und neunten Rippe bildet nach oben zu einen viel ſpitzigern Winkel. Die ganze Bruſthöhle, ungeachtet ſie länger iſt, endigt ſich noch überdies verhältnißmäßig höher über dem Rande der Schambeine, wegen der kürzeren Bruſtbeine, wegen der höheren Lendenwirbel, und wegen der weniger tiefen Einſenkung des Kreuzbeins zwiſchen die Hüftbeine; daher wird der ganze weibliche Leib durchaus von vorn her länger, ſchlanker. Die Entfernung vom Köpfchen der letzten Rippe zum Rande der Hüftbeine iſt größer; theils, weil in den Lendenwirbeln bei geringerer verhältnißmäßiger Breite die Höhe anſehnlicher iſt; theils, weil der unterſte Lendenwirbel faſt in gleicher Höhe mit dem Rande der Hüftbeine liegt, da er bei dem männlichen Geſchlechte ſich oft tiefer zwiſchen die Hüftbeine einſenkt. Der obere Theil der Bruſthöhle ſcheint ungefähr bis in die Gegend der vierten Rippe verhältnißmäßig weiter, nach unten aber, überhaupt enger. Auch finde ich, daß gemeiniglich bei wohlgebaueten männlichen Perſonen, welche auf einer horizontalen Fläche ausgeſtreckt liegen, die Bruſt merklich höher, als der Schluß der Schambeine ſich erhebt; bei weiblichen Perſonen hingegen iſt die Bruſt nicht höher, als der Schluß der Schambeine, wohl gar bisweilen etwas niedriger. Alles dieſes wird man auch bei Vergleichung der ſchönſten männlichen und weiblichen antiken Statuen, nicht ohne Vergnügen, beſtätigt ſehen.

Zuverlässig ist wegen dieser Einrichtung die weibliche Brusthöhle weit geschickter zur Veränderung während der Schwangerschaft. Das Knochen- und Knorpelgerüst giebt nämlich den Eingeweiden, die der sich ausdehnende Uterus heraufschiebt, leichter nach, wenn alle Rippen schwächer, flacher, elastischer, mit längerem Knorpel versehen, und beweglicher sind *) — wenn dabei die falschen Rippen sich merklicher stufenweise verkürzen — wenn die Wirbelbeine bei geringerer Breite höher sind, die ganze Säule deshalb schlanker, weniger gestaucht, aussieht, die Seitenöffnungen des Kanals für das Rückenmark weiter, und die Seitentheile der Wirbelkörper ausgeschweifter werden — vorzüglich aber, wenn die Brustbeine kürzer sind, und die Spitze des unteren Brustbeines sich früher, höher und knorpeliger endigt — wenn endlich die ganze Brusthöhle länglicher, rundlicher, und über die Beckenbeine erhobener wird.

Daß die weiblichen Brüste oder Milchdrüsen im vollkommenen Alter durchaus größer, hervorragender, ausgebildeter, als die männlichen, sind, und in Ansehung des kleineren Brusthöhlen-Umfangs einen desto größeren Raum von demselben einnehmen, und fast von der zweiten bis zur fünften Rippe sich erstrecken, ist zu bekannt, als daß ich mich dabei aufhalten sollte.

Beschaffenheit der Schnürbrüste.

§. 71.

Alle Schnürbrüste haben im Allgemeinen die Form eines mit der Spitze nach unten gekehrten, abgestutzten, sehr regelmäßigen, genau symmetrischen Kegels (Fig. IV. V.), wel-

---

*) Beweglicher scheint die Brusthöhle, um bei Beengung des Unterleibes und bei gehinderter Bewegung des Zwerchmuskels während der Schwangerschaft, vermittelst der Rippen das Athmen verrichten zu können. Haller de corporis humani Fabrica. Tom. VII. pag. 22.

cher aber doch nach hinten und unten zu gleichsam einen Anſatz, oder eine Erweiterung, bekommt. Sie ſind bald aus breitern, bald aus ſchmälern geraden Streifen, welche vorwärts und hinterwärts der Länge nach, ſeitwärts hingegen ſchräge von oben nach unten gerichtet liegen, zuſammengeheftet. Meiſtens iſt das vordere dreieckige, nach außen zu erhobene, und nach innen zu ausgehöhlte oder ausgeſchweifte Stück (Fig. IV.) das breiteſte und feſteſte, doch an Länge und Breite verſchieden. Gewöhnlich ſind die Schnürbrüſte hinten offen, und mit den breiteſten und längſten Streifen, welche beim Zuſammenſchnüren genau an einander liegen, verſehen (Fig. V.). Das Mittelſtück paßt bisweilen in die regelmäßige Kegelform; meiſtens aber läuft es vorn auf dem Bauch viel tiefer herunter, wo es ſich auch wohl zuweilen nach vorn und oben wieder ein wenig heraufbeugt.

Bisweilen iſt die Schnürbruſt umgekehrt nach vorn zu ſo offen, daß ein mittleres dreieckiges, längeres Stück vorn einpaßt, und durch die Zuſchnürung den Kegel nach vorn zu völlig ſchließt. Dieſer Kegel iſt bisweilen länger, bisweilen kürzer, und oben oder an ſeiner Grundfläche für die Arme, unten oder an ſeiner Spitze aber für die Hüften ausgeſchnitten. Er läuft ſeitwärts von den Armen bis in die Gegend der Hüften herunter; ja, ich habe noch die Mode geſehen, wo Schnürbrüſte die Hüften ſelbſt mit einſchloſſen.

Die Streifen, woraus dieſer Kegel zuſammengenähet iſt, ſind bald von feſterer und härterer, bald von ſchwächerer und weicherer Materie, gemeiniglich von mehr oder minder dickem Fiſchbein, Rohr, oder ehemals Eiſen. Bisweilen ſind vorn, bisweilen hinten ein oder mehrere ſtählerne Stäbe, ſo genannte Planchettes, eingepaßt; bisweilen beſteht die Schnürbruſt bloß aus einer Art von überzogenem Hutfilz.

Ich könnte eine eigene Abhandlung über die Form und den Stoff der Schnürbrüste schreiben, wenn ich bloß alle die Verschiedenheiten angeben wollte, die mir schon vorgekommen sind.

Einige habe ich so fest, hart und unbiegsam gesehen, daß ich glaube, durch eine gewaltsame Zusammenschnürung würden eher die Rippen zerbrechen, als dieser Küraß oder Harnisch seine Form ändern.

Alle Schnürbrüste umfassen im Allgemeinen nicht nur den ganzen unteren Theil, sondern, wie die dritte Figur ganz deutlich zeigt, auch ein ansehnliches Stück vom obern Theile des Brustkörpers, so, daß sie die Schulterblätter zugleich mit aufnehmen.

Krankheiten, die den Schnürbrüsten zugeschrieben werden.

§. 73.

Man erstaunt über die Menge von Krankheiten, welche nach den Zeugnissen der Aerzte die Schnürbrüste veranlassen sollen. Ich will bei jeder Krankheit nur Einen Gewährsmann anführen. Sie verursachen:

Im Kopfe.

Kopfschmerzen, nach Bonnaud.

Schwindel, — Müller.

Schläfrigkeit, — Bonnaud.

Schlagfluß, — Müller.

Neigung zu Ohnmachten, — Gruner.

Augenschmerzen, — Müller.

Ohrenschmerzen, — Müller.

Nasenbluten, — Bonnaud.

Schnupfen, — Müller.

Flüsse am Munde und den Lippen. — Bonnaud.

Schiefes

Schiefes Gesicht, indem das Hirn bei entstandenem Buckel auf einer ungleichen Stütze ruhet — Camper.

Verschleimung im Halse — Winslow.

Geschwülste der Halsarterien (Carotides) — Morgagni.

In der Brust.

Vertreibung der Knochen des Thorax aus ihrer Stelle — Platner.

Verschiebung der Knochenansätze des Thorax — Platner.

Eindrückung des untern Brustbeins, und alle Uebel, welche Codronchi daher leitet — Müller.

Sie geben dem Brustkörper eine falsche Stütze, und hindern die Entwickelung der eigentlich wahren Stütze — Brinckmann.

Buckel — Winslow.

Unfähigkeit zum Säugen durch einen Druck auf die Milchdrüsen — Ballexserd.

Skirrhen in den Milchdrüsen, und am Ende Krebs — nach Oelsner und allen übrigen ohne Ausnahme, welche über die Schädlichkeit der Schnürbrüste geschrieben haben.

Schmerzen in der Herzgrube — Winslow.

Auch wohl Geschwüre am Thorax — Bonnaud.

Hinderung der Wirkung der Lungen — Platner.

Verwachsung der Lungen mit dem Brustfell — Kositzki.

Engbrüstigkeit — Gaubius.

Kurzen Athem — Josephi.

Keuchen — Bonnaud.

Husten — Ballexserd.

Blutspeien — Hurham.

Lungengeschwüre — Bonnaud.

Eiterbrust — Reinhard.
Schwindsucht — Swieten.

Hinderung der Wirkung des Herzens — Platner.
Störung des Blutlaufs, daher Entzündung, Fäulniß, u. s. f. — Gaubius.
Blutgerinnungen, Polypen — Bonnaud.
Brustwassersucht — Bonnaud.

Im Unterleibe.

Störung der Geschäfte des Zwerchmuskels — Wormes.
Druck auf den Magen — Ballexserd; und dadurch
Magenschmerzen — Wormes, und
Verdorbene Eßlust — Müller.
Uebelkeiten — Schnizlein.
Aufstoßen — Bonnaud.
Brechen — Winslow.
Blutbrechen — Wormes.
Schlechte Verdauung — Winslow.
Magenskirrhus — Bacher.
Blähungen — Müller.
Durchfall — Bonnaud.
Verwachsung der Därme — Rougemont.
Verhärtung der Gekrösdrüsen — Winslow.
Colikschmerzen — Bonnaud.
Stuhlzwang — Bonnaud.
Hämorrhoiden — Bonnaud.
Mastdarmfisteln — Bonnaud.
Lienterie — Bonnaud.
Rothe Ruhr — Bonnaud.
Hypochondrie — Rougemont.

Zusammendrückung und Verstopfung der Leber, — Mascagni.
Gelbsucht — Winslow.
Leberentzündung — Wormes.

Verhärtung und Vereiterung des Pankreas — Bonnaud.

Milzkrankheiten; Entzündung, Eiterung, Skirrhus derselben — Ballexserd.

Nierenkrankheiten — Camper.
Steine — Wormes.
Harntrieb — Bonnaud.
Harnblasenbruch — Bonnaud.
Blutharnen — Gaubius.

Hysterie — Bonnaud.
Störung des periodischen Blutabganges — Platner.
Weißer Fluß — Müller.
Verhärtung der Eierstöcke — Targioni.
Schiefstehen des Muttermundes nach dem Kreuzbeine — Mohrenheim.
Skirrhus im Uterus — Wormes.
Blutflüsse des schwängeren Uterus durch Ablösung des Kuchens — Bonnand.
Unfruchtbarkeit — Josephi.
Ungesunde Kinder — Platner.
Häßliche Kinder — Josephi.
Mißgeburten — Siebold.
Abortus — Camper.
Zu frühe Geburt — Müller.

Schwere Geburt — Unzer.
Zu späte Geburt — Hannes.

Verwachsung aller Eingeweide des Unterleibes unter einander — Aepli.
Verunstaltung der Eingeweide. — Müller.
Bauchwassersucht — Morgagni.

Brüche — Richter.

Anlaufen und Dickerwerden der Obergliedmaßen — Bonnaud.

Geschwollene Fäße — Wormes.

Allgemeine Krankheiten.

Schmerzen — Gaubius.
Mangel an Fröhlichkeit — Ballexserd.
Melancholie — Ludwig.
Fliegende Hitze — Bonnaud.
Wechselfieber — Reinhard.
Ausschläge — Reinhard.
Bleichsucht — Winslow.
Atrophie — Bacher.
Epilepsie — Müller.
Anlage zur Englischen Krankheit. — Wegelin.
Anlage zum Winddorn — Platner.
Siechies und kurzes Leben — Camper.

Aus dieser Liste von Unfällen, will ich mich begnügen, nur die Wirkung der Schnürbrüste auf die Gestalt des Körpers, auf Schwangerschaft, Geburt und Säugung ausführlich darzulegen.

Wirkung der Schnürbrüste auf die Gestalt und den Wuchs des menschlichen Körpers.

§. 74.

Wir sehen, daß der Brustkörper eine mit der Spitze nach oben gerichtete Kegelform hat, alle Schnürbrüste aber gerade die entgegengesetzte, eine mit der Spitze nach unten gerichtete Kegelform haben.

Man vergleiche nur die erste und zweite Figur mit der dritten und vierten.

Der größte Durchmesser der Schnürbrust ist von vorn nach hinten zu, der kleinste von einer Seite nach der andern; daß also der kleinste Durchmesser der Schnürbrust den größten des Oberleibes, und der größte der Schnürbrust den kleinsten des Oberleibes einschließt.

Ferner sind alle Schnürbrüste unten oder an der Spitze am steifsten und härtesten; der Leib hingegen sollte gerade an dieser Stelle, wo diese Spitze auf ihn trifft, am beweglichsten seyn.

§. 75.

Wir sehen, daß die Rippen unseres Körpers zwar schräg, doch im Ganzen der Quere nach liegen; aber die Rippen der Schnürbrüste (es sey mir erlaubt, die Stücke oder Streifen, woraus sie zusammengesetzt sind, Rippen zu nennen) laufen, die vorigen durchkreuzend, im Ganzen schräg der Länge nach; folglich ist die Lage der künstlichen Rippen der Lage der natürlichen gerade entgegengesetzt.

Man vergleiche die vierte Figur mit der zweiten.

§. 76.

Was muß also mit dem Brustkörper (Thorax) vorgehen, wenn er diese Abänderung in der Form erleidet? Da der

Brustkörper aus zwar elastischen, doch immer zu harten Knochen und Knorpeln besteht, als daß er sich, wie ein Teig, oder irgend eine weiche, thonartige oder wachsartige Materie, umformen ließe; so müssen entweder 1) die Rippen, oder 2) die Wirbelsäule, oder 3) die Brustbeine mit ihren Knorpeln, als die Theile, die einzig die Hauptstütze seiner Form ausmachen, nachgeben und verschoben werden.

§. 77.

Bei Anlegung einer Schnürbrust also, wenn sie im geringsten Grad auf den Brustkörper (Thorax) wirkt, werden erst die weichen Theile unter der Brusthöhle zusammengezogen und die im Unterleib enthaltenen Eingeweide in den sehr beweglichen unteren Theil der Brusthöhle heraufgeschoben. Dieser würde ausgedehnt bleiben, wenn nicht die von unten aufwärts fortgesetzte Zusammenschnürung die Eingeweide allmählich noch höher hinauf triebe. Nun werden die sehr beweglichen falschen Rippen nicht nur gegen einander hinauf und dicht zusammengeschoben, und der Raum zwischen ihnen viel kleiner; sondern auch so zusammengedrückt, daß hierdurch die rechten den linken nicht nur mit ihren vorderen Enden näher gebracht, sondern auch jede Rippe für sich (die letzte wegen ihrer Kürze bisweilen ausgenommen) genöthigt wird, ihr Brustende dem Wirbelende (Fig. VI.) so viel als ohne Schmerzen geschehen will, zu nähern. Hierbei muß aber die Neigung der falschen Rippen im Ganzen zunehmen und ihre Knorpel noch mehr gekrümmt werden. Die Knorpeltheile der Rippen geben hierbei am willigsten nach, und die Knochentheile wegen ihrer Schnellkraft ebenfalls, aber doch ohne alles Verhältniß viel weniger.

§. 78.

Ich hob ehedem den ganzen Körper eines kaum ausgewachsenen, übrigens sehr schön gebildeten Mädchens in Weingeist auf, wo die Haut und die Rippenknorpel unter der Spitze des Brustbeins, welche den dreieckigen Ausschnitt zwischen den Rippenknorpeln ausfüllt, eine tiefe und lange Furche von oben nach unten zu bildete, die das Schnüren verursacht hatte; ungefähr wie die sechste Figur vorstellt.

§. 79.

Geht die Zusammenschnürung weiter, so werden nun auch allmählich die untern wahren Rippen, die sich durch die Hinauftreibung der Eingeweide des Unterleibes von einander begeben hatten, ebenfalls 1) gegen einander hinaufgeschoben: denn auch hier geschieht die Zusammenschiebung durch die kleinste Kraft, die im natürlichen Zustande, wie bekannt, hier noch immer leicht genug von selbst erfolgt; 2) die rechten den linken näher gebracht, wozu eine schon größere Kraft gehört; 3) die Brustbeine steigen sodann in die Höhe, und die Knorpelspitze des untersten Brustbeins wird auch wohl gegen die Wirbelsäule hingedrückt, daher der ganze obere Theil der Brust in die Höhe tritt und vorspringt; ja, die Brustbeine selbst werden schief, und das mittlere Brustbein rechts oder links gekrümmt; 4) endlich, wenn die Kraft bei der Zusammenschnürung zunimmt, werden auch die unteren wahren Rippen genöthigt, ihr Brustende dem Wirbelende näher zu bringen, und so auch von vorn nach hinten zu die Brusthöhle zu verengern. Ich sage, das Brustende der Rippen nähere sich dem Wirbelende, nicht umgekehrt das Wirbelende dem Brustende, weil wir gesehen haben, a) daß die Rippen vorwärts wieder schwächer und flächer werden; b) daß sie hinterwärts fest ansitzen; c) daß das vordere Ende mit einem längeren Bogen nach vorn und unten zu läuft, und daß in dieser Bogenform der Grund ihrer Schnellkraft liegt; d) endlich, weil das vordere Ende der Rippen nur unter der Haut liegt, da hingegen nach hinten zu ein drückender Körper die Rippen bloß auf der Höhe ihres sehr krummen Bogens, wo sie ohnehin fast am stärksten sind, berühren kann.

Alles dies stellen die sechste und die siebente Figur nach der Natur sehr deutlich dar.

§. 80.

Indessen dieses mit den Rippen vorgeht, werden die Wirbelbeine vorn an ihren Knorpelscheiben aus einander gehalten, und ihre Dornfortsätze mit der Zeit noch absteigender, dicht auf einander gedrückt, ja, endlich aus ihrer geraden Richtung gepreßt, oder mit andern Worten; **die Wirbelsäule wird gekrümmt.**

§. 81.

Nach oben zu ist der Brustkörper wieder natürlich enger, weshalb die fünfte oder vierte Rippe nicht ferner **unmittelbar** durch den Druck der Schnürbrust leidet, sondern in dieser Gegend gemeiniglich vom Brustkörper rings um mehr oder weniger absteht. Bei den frei bleibenden obern Rippen geschieht daher gewissermaßen das Gegentheil; die Rippen werden durch die gegen sie getriebenen Eingeweide aus einander gedrückt, ihre Zwischenräume größer; die rechten entfernen sich etwas von den linken, und ihre Brustenden werden von den Wirbelenden abstehender.

Zur Bewegung beim Athmen bleiben dann nur die erste, zweite, dritte, und höchstens noch die vierte Rippe übrig; ja, es scheint, als ob diese beweglicher würden.

§. 82.

In diesem frei bleibenden Raume werden die Brüste (Milchdrüsen) mit dem sie umgebenden Fett hinaufgeschoben;

(Fig. III.) daher solche Kinder und Mädchen alsdann stärkere Brüste zu haben scheinen. Indeß leidet doch oft irgend ein oder das andere Theilchen (Körnchen) der Brüste oder Milchdrüsen, besonders an ihrem untern Rande, durch den Druck des obern Theils der Schnürbrust oder des so genannten Planchetts.

§. 83.

Die Schulterblätter werden zuweilen nach hinten gebracht, und mit ihrem untern Theile gegen den Brustkörper gewaltsam angedrückt. Der Rücken verliert seine schöne Rundung, und der Arm wird in seinem freiesten Gelenke eingeschränkt. Wenn daher geschnürte Personen sitzend nach etwas reichen, so müssen sie auf eine gezwungen scheinende Art den ganzen Oberleib auf den Hüften drehen.

§. 84.

Die Schlüsselbeine werden an ihren äußeren Enden so sehr nach hinten gepreßt, daß ihre vorderen Enden unter der Kehle so stark vorspringen, daß es das Ansehen hat, als wenn sie sich hier ausrenken wollten.

§. 85.

Der Ausschnitt für den Arm, wenn er enge ist, schneidet den untern Rand des größern Brustmuskels und des breitesten Rückenmuskels wie ein Seil ein, verursacht Entzündung, u. s. f.

§. 86.

Durch diese gewaltsame Zusammendrückung des ganzen Brustkörpers wird die Wirbelsäule etwas aus einander und gestreckter gehalten, die Schnürbrust ruhet auf den Hüften, und auf der Schnürbrust ruhen die Rippen; folglich läßt sich hieraus ohne alle Schwierigkeit erklären, warum geschnürte Personen höher, länger und größer scheinen, den Trugschluß abgerechnet, daß eine schlanker oder dünner gewordene Person höher aussieht. Durch die Schnürbrust wird nämlich die Last des obern Theils des Körpers unterstützt, daher ihr Druck auf die Knorpelscheiben zwischen den Rippen gemindert, und folglich die Säule in ihrer Höhe länger erhalten, als sie ohne eine solche Stütze bleiben würde.

§. 87.

Allein wenn man um den Thorax eines Kindes von zehn bis zwölf Jahren, und noch mehr einer ausgewachsenen Person von achtzehn bis zwanzig Jahren, die nie eine Schnürbrust getragen hat, eine durchbrochene Schnürbrust anlegt, wird man gewahr, daß es schlechterdings nicht möglich ist, sie so anzulegen, daß sich nicht entweder 1) hin und wieder die Rippen auf der einen Seite mehr als auf der andern zusammenbegeben, oder 2) sich unter und über einander auf einer Seite verschieben, oder 3) daß sich nicht der ganze Rückgrath (die Wirbelsäule, welche gewöhnlich in gerader Linie von vorn aufgethürmt ist,) entweder rechts oder links krümmen sollte; oder 4) was das gemeinste ist, wenn sonst alles erträglich geht, daß sich nicht der obere Theil einer der Brusthälften ganz deutlich höher als der andere erhebt, und eine so genannte hohe Schulter verursacht.

Ich habe mich bemühet, dies in der siebenten Figur dem Auge überzeugend vorzustellen.

§. 88.

Geschieht dieses nun, wo wir die einzelnen Theile vor Augen haben, folglich einen durch das Schnüren sich ergebenden Fehler leicht abändern könnten (wenn er sich ändern ließe);

was geschieht nicht, wo alles durch Fleisch und Haut, und durch die Schnürbrust selbst, verborgen ist und kleine anfangende Verschiebungen unsichtbar werden!

§. 89.

Was geschieht ferner nicht im Innern an den Eingeweiden, welche der Brustkörper einschließt! Sie müssen sich mit der Form ihrer Höhlen abändern, da sie der Abänderung ihrer Höhle nicht widerstehen können.

§. 90.

Der untere Theil der Lungen wird zusammengedrückt, und der Eintritt des Blutes in ihn gehindert; während daß der obere frei bleibt. Welche Ungleichheit und Störung im Laufe des Blutes durch dieses zum Leben unentbehrliche Organ muß dadurch nicht verursacht werden!

Der Zwerchmuskel wird gewaltsam herauf getrieben, und dadurch in allen seinen Geschäften gestört.

§. 91.

Besonders aber leiden die Eingeweide des Unterleibes, um so mehr, da sie großentheils nur von weichen Theilen eingeschlossen sind.

Der Magen wird zusammengepreßt, und an der Ausdehnung gehindert; er verändert seine Lage und Gestalt, und verursacht üble Verdauung.

Der Quergrimmdarm wird widernatürlich herauf, der Mastdarm, der Uterus und die Harnblase hingegen hinunter gedrückt.

So bildet Mascagni eine durch die Schnürbrust um ihre natürliche gleichmäßig gewölbte Form gekommene Leber in Lebensgröße ab, dergleichen ich selbst mehrere beobachtet habe.

§. 92.

Alles dieses muß nothwendig in so höherem Grade erfolgen, wenn man zugleich hohe Schuhe trägt; weil dadurch der Unterleib noch mehr gespannt, folglich auch die Eingeweide stärker gepreßt werden.

§. 93.

Man wird eine schon beträchtliche, aber nur am entblößten Knochengebäude sehr sichtliche Verunstaltung, leider! erst zu spät durch die Bedeckungen gewahr. Viele bemerken eine so genannte hohe Schulter noch nicht einmal dann, wenn es ihnen auch der Kenner, der sie sogar durch die Kleider entdeckt, schon gesagt und gezeigt hat, sondern warten, wie ich oftmals erfahren habe, bis es ihren Augen, aber auch zugleich den Augen der ganzen Welt, unwidersprechlich wird.

§. 94.

Alles dies aber wird nun um so viel leichter und in desto höherem Grade erfolgen müssen, da wir 1) fast nie eine völlig symmetrische Brusthöhle, sondern meistens die rechte Brusthöhlenhälfte, beträchtlich anders, als die linke, sowohl überhaupt als in einzelnen Theilen, finden; 2) weil die Schnürbrüste jungen Personen angelegt werden, deren Knochen noch nicht völlig ausgebildet sind, sondern bei einem Druck, wenn sie nicht ausweichen können, nachgeben; die Schnürbrust hingegen 3) eine genau symmetrische Kegelform ist, welche 4) nicht nachgiebt.

Um sich also in diese, der schönen natürlichen Form des Brustkörpers gerade entgegengesetzte, oder in die umgekehrte Kegelform des Schnürleibes zu schmiegen, giebt diejenige Brusthälfte am meisten nach, welche die schwächste ist, und treibt folglich in die andere stärkere, kräftiger widerstehende Hälfte die Eingeweide, welche gegen sie getrieben werden, hinüber, und macht, daß diese Hälfte endlich durch den anhaltenden, gegen sie wirkenden Druck sich ausdehnt. Diese Ausdehnung geschieht gewöhnlich auf der einen Seite nach hinten und oben, weil die Rippen hier schon ihren stärksten Bug haben. Nimmt diese Ausdehnung der einen Brusthöhlenhälfte in einen Buckel zu, so treibt sie das auf ihr liegende Schulterblatt vor sich her, hebt den über ihr hangenden Arm im Winkel in die Höhe, und verursacht die so genannte hohe Schulter, wie dies die siebente Figur deutlich zeigt.

Wir haben oben (§. 49.) gesehen, wie die von der Natur selbst zugemessene Last des Körpers schon bei mehrerem Ruhen auf dem einen als auf dem andern Fuße, die eine Brusthälfte verengt, die andere aber erweitert. Wie viel mehr muß dieses nicht bei einem so kräftigen Druck, wie die Schnürbrust äußert, geschehen? Z. B. Wenn im Durchschnitt alle rechten wahren und falschen Rippen länger und zugleich stärker sind, so ist nothwendig der Druck einer vollkommen gleich gerade und gut angelegten Schnürbrust auf die linke Brusthälfte weit wirksamer, als auf die rechte Hälfte, und muß also auch die linke Hälfte ansehnlicher verengern.

Sind aber zwei auf einander folgende Rippen länger und stärker als die zwei gleichnamigen der andern Seite, die darauf folgenden hingegen wieder schwächer, als die auf der andern Seite; so muß nothwendig, bei gleichem Druck von beiden Hälften der Schnürbrust auf die beiden Hälften des Brustkörpers, eine Verunstaltung in der Zusammenfügung der Rippen auf beiden Seiten erfolgen.

Da gewöhnlich die falschen Rippen auf einer Seite beträchtlich kürzer als auf der andern sind, so wird bei gleichem Druck auf den ganzen Brustkörper die hohe Schulter auf der entgegengesetzten Seite, wo nämlich die Rippen länger sind, entstehen müssen,

Auch die nicht auf beiden Seiten, sondern nur auf Einer, breiteren, durchlöcherten, oder gespaltenen Rippen verursachen, daß bei gleichem Druck des Schnürleibes auf den ganzen Umfang der Brusthöhle doch die Wirkung in Einer Hälfte um vieles beträchtlicher wird. Auch das Zusammenstoßen der Knorpel durch einen Fortsatz macht einen Unterschied zwischen der Wirkung der Schnürbrust auf die eine oder die andere Hälfte; so auch die unsymmetrischen Brustbeine; so auch, wenn sich nur auf einer Seite acht wahre Rippen finden; desgleichen die unsymmetrische Einlenkung der Rippen an der Wirbelsäule.

Ich will hier gar nicht des Falles erwähnen, welchen ich häufig (so wie Haller de corporis humani Fabrica, Tomo. III. pag. 6.) angetroffen und aufbewahrt habe, wo der knöcherne Theil einer Rippe, aus irgend einer inneren Ursache, an einer oder der andern Stelle weich wird; (man kann sich leicht denken, was hier wird geschehen müssen;) oder des Falles, wo dreizehn Rippen sich auf einer Seite finden; oder, wo ein verändertes Eingeweide, Lunge, Herz oder Leber die Brusthöhle auf einer Seite schon umgeformt hat.

Ferner, wenn der Rückgrath schon eine natürliche Krümmung auf eine Seite hat, wird diese nothwendig durch die Schnürbrust noch vermehrt werden müssen.

Man bedenke ferner, daß das Herz, welches das ganze Leben hindurch, ohne wenige Sekunden zu ruhen, sich wirksam zeigt, mehr in die linke als in die rechte Brusthöhle gehört.

Man bedenke, daß das Knochengerüste der Brust nun durch eine eigene Maschine (die Schnürbrust nämlich) weniger zu den nöthigen Erweiterungen und Verengerungen beim Einathmen und Ausathmen fähig wird, folglich dafür dem Zwerchmuskel einen Theil seiner Verrichtungen zu übertragen genöthigt ist.

Man erinnere sich (§. 56.), daß der bloße stärkere Gebrauch der Muskeln des einen Arms die Brusthöhle verziehen kann; und stelle sich zu diesem allen nun noch vor, daß doch die Rippen nicht nur ernährt, ihre verdorbenen Theile weggeführt, und durch frische ersetzt werden, sondern daß sie bis ins dreißigste Jahr wachsen müssen, so wird man einsehen, daß die Verunstaltung bei anhaltendem Drücken der Schnürbrust nur zunehmen muß, weil die Natur gehindert wird, die Vermehrung der Masse und Stärke der Rippen dorthin anzubringen, wo sie es thun würde, wenn der Druck sie nicht hinderte.

§. 95.

Sobald also eine Schnürbrust die Brusthöhle auf einer Seite zusammengepreßt, auf der andern aber ausgedehnt hat, so kann durch fortgesetzte Anlegung der Schnürbrüste nichts weiter, als eine Vermehrung der Verunstaltung, erfolgen; weil die schwache Seite immer mehr und mehr geschwächt und hereingepreßt, und die andere stärkere immer mehr herausgeschoben oder vorgetrieben wird.

§. 96.

Daß die Schnürbrust das Vorwärts- und Rückwärtsneigen der Wirbelsäule, auch ihr Rechts- und Linksbeugen völlig hindert, und folglich auch hierdurch der Vollkommenheit des Leibes, sich frei und leicht zu drehen und zu wenden, Eintrag thut, bedarf wohl keines Beweises; denn alle Schnürbrüste vermindern, vermöge ihrer Lage und Stärke, die Beweglichkeit auch sogar der Lendenwirbel, vorzüglich aber der Rückenwirbel, und dieser insbesondere unterhalb, das ist, gerade an der Stelle am meisten, wo sie doch die ansehnlichste Beweglichkeit zu haben bestimmt sind.

§. 97.

Ist die Schnürbrust so lang, daß sie auch die Hüften mitfaßt, so ist sie noch schädlicher; sie drückt dann den sehr lange knorpelig bleibenden Rand der Darmbeine nach innen, und verengt die ganze Bauchhöhle um so viel ansehnlicher. — Doch habe ich wenigstens solche Formen von Schnürbrüsten nur selten gesehen.

„Dieser Fall, sagt Hr. Müller, kommt bei jungen „Mädchen wohl öfter vor, als Hr. Sömmering glaubt. „Sparsamkeit, wohl auch Unmöglichkeit, ihren Töchtern von „Zeit zu Zeit passende Schnürbrüste zu kaufen, veranlaßt „manche Eltern, bei dem Ankauf einer Schnürbrust darauf „zu sehen, daß dieselbe eher etwas zu groß ist, damit sie nicht „sogleich verwachsen und unbrauchbar werde; und in diesem „Falle wird denn auch das Schambein durch die Planchette „einwärts gedrückt, welches bei passenden Schnürbrüsten nicht „eher, als beim Niederbücken auf die Erde, geschieht, wo „das untere Ende der Schnürbrust gegen besagten Knochen „angepreßt wird."

„Mittelbar trägt zur Verunstaltung des Beckens bei „die gewaltsame Einpressung des Unterleibes. Die Muskeln, „die die Höhle des Unterleibes mit bilden helfen, ziehen alle „Knochen des Beckens, vorzüglich aber den Kamm der „Darmbeine, mit sich nach innen, und die mit Gewalt in „das Becken eingepreßten Eingeweide treiben dafür den mitt„lern und untern Theil dieser Knochen auswärts. Ferner „ziehen die vorwärts gepreßten Lendenwirbel das Heiligen„bein mit sich, oder dieses wird durch die widernatürlich seit„wärts gebogene Wirbelsäule auf die Seite geschoben."

Die dritte und siebente Figur machen dies anschaulich.

§. 98.

§. 98.

Man hat mich verschiedentlich um Rath gefragt, wo man glaubte, daß eine Hüfte durch eine Schnürbrust erhöhet, die andre erniedrigt worden wäre; allein in solchen Fällen war gewöhnlich bloß die Brusthälfte **über** der höher scheinenden Hüfte, wegen stärkerer Eindrückung und Heraufpressung der unteren falschen Rippen auf dieser Seite, beträchtlicher, als die Brusthälfte **unter** der niedriger scheinenden Hüfte, zusammengedrückt worden, und machte diese scheinbare Erhöhung.

§. 99.

Eine andere Wirkung der Schnürbrüste ist die, daß Kinder, auch ältere Personen, welche stark und mehrere Jahre lang geschnürt worden sind, endlich ohne Schnüren nicht mehr bequem aufrecht stehen oder sich bewegen können, sondern, wie man sehr richtig sagt, **zusammenfallen.**

Die Rippen nämlich haben an ihrer natürlichen Form und Lage gelitten; die Rückenmuskeln sind geschwächt und halb gelähmt worden, und können sich ohne Schnürbrust nicht einmal in der natürlichen Lage gehörig erhalten; die Wirbelsäule ist nicht mehr gewohnt, die auf ihr nicht bloß zum Ruhen, sondern auch zum Bewegen bestimmte Last des Körpers ohne fremde Unterstützung zu tragen, sinkt also unter derselben nieder, und beugt sich.

Man vergleiche die dritte Figur mit der zweiten, so wird man sich wohl nicht wundern, daß ein durch die Schnürbrust zur Wespengestalt veränderter Leib seine Kraft verliert, die Last des Kopfes, der obern Gliedmaßen und des Brustkörpers ohne fremde äußere Unterstützung zu tragen.

Die Rückenmuskeln verlieren ihre Kraft, weil sie am Tage nicht geübt, sondern durch die Schnürbrust unthätig erhalten, in der Nacht aber durch das Bett unterstützt werden.

§. 100.

Man wird in Ländern, wo noch das Schnüren Mode ist, nicht selten Personen von funfzehn bis zwanzig Jahren finden, welche, sobald sie die Schnürbrust ablegen, ohnmächtig werden, und daher sogar damit zu schlafen verbunden sind. Sobald nämlich Brust und Unterleib durch die Ablegung ihrer gewohnten Unterstützung erschlafft werden, stürzt das Blut nach unten, entleert die Gefäße im Kopf, und verursacht Ohnmacht.

§. 101.

Indeß habe ich beobachtet, daß schlechterdings alle Mannspersonen, welche man in ihrer Jugend stark und anhaltend schnürte, in dem reifern Alter unausbleiblich buckelig wurden oder nicht ohne eine hohe Schulter wegkamen, da hingegen ein Frauenzimmer doch zuweilen mit einer kleinen, durch die Kleider kaum erkennbaren Krümmung des Rückgraths durchkommt. Die Ursache ist, nach dem, was ich bloß in dieser Rücksicht so vollständig vorgetragen habe, ganz deutlich.

Die weiblichen Rippen nämlich geben wegen ihrer Dünne, ihrer geringeren Wölbung, ihrer schärferen Ränder, ihres stärkeren Vortretens, ihrer mehreren Windung, vorzüglich aber wegen ihrer längern schwächern Knorpel, ihrer größern Schnellkraft, ihrer stärkern stufenweisen Abnahme, und ihrer leichteren Beweglichkeit, einer geringeren Kraft nach, als die männlichen Rippen. Die weiblichen Rückenwirbel gestatten leichter eine Veränderung des Brusthöhlenraums, wegen der größeren Ausschweifung bei ihrer größern Höhe, wegen der stärkeren Beugung ihrer Querfortsätze nach hinten, und wegen der größeren Seitenöffnungen. Die weiblichen Brustbeine gestatten gleichfalls leichter, als die männlichen, eine ansehnliche Veränderung des Brusthöhlenraums, da sie kürzer sind und höher liegen.

Ferner ist der weibliche Brustkörper im Ganzen etwas faßartiger, auch rundlicher, länger, weniger mit der hintern Reihe seiner Spitzen vorspringend; der dreieckige Ausschnitt zwischen den Rippenknorpeln ist spitziger; die ganze Höhle liegt höher über den Hüftbeinen, und ihr oberer Theil ist etwas geräumiger.

Folglich widersetzt sich der Brustkörper etwas weniger einer ihn umformenden Gewalt, als der männliche Thorax, welcher fast bis auf die Hüftbeine durch lange, starke, unbeugsame Rippen, grobe, mit ihren längeren Spitzen vorspringende Wirbel, und tiefer herunter ragende, mächtigere, festere Brustbeine umschlossen, und vor aller Gewalt einer Ausdehnung und Zusammenpressung sicherer ist, der auch im gewöhnlichen Laufe der Natur nie in den Zustand kommt, so beträchtlich, wie der weibliche Brustkörper während der Schwangerschaft, nachgeben zu müssen, um erweitert zu werden, und nach der Geburt des Kindes wieder zusammen zu gehen.

§. 102.

In den Jahren 1760 bis 1770 ungefähr ward es in Berlin, und auch an anderen Orten in Deutschland, so wie in Holland noch vor wenigen Jahren, Mode, auch den Knaben Schnürbrüste anzulegen, die man jedoch, so wie in Leipzig und anderen Orten, bald abzuschaffen anfing, als man bemerkte, daß ungeschnürte Kinder gerade aufwuchsen, diejenigen aber, die man aus Vorliebe mit dieser besonderen Sorgfalt behandelte, eine hohe Schulter oder einen Buckel davon trugen.

Es ließen sich hier Familien nennen, in denen von mehreren Knaben der schönste aus Vorliebe unter allen allein geschnürt, und dadurch auch allein buckelig ward. Man suchte die Schuld in etwa unrecht angelegten Schnürbrüsten, bis man endlich in England zuerst deutlich einsah, daß kein Knabe mit einer Schnürbrust gerade aufwuchs, Schwindsuchten, Brüche, u. s. f. die man ihnen dadurch nebenher zuzog, nicht mit gerechnet.

§. 103.

Ich für mein Theil muß gestehen, daß ich bis jetzt noch kein Frauenzimmer kenne, welches durch starkes Schnüren (folglich durch die Kunst, und nicht durch die Natur,) eine so genannte feine Taille erhalten hat, wo ich nicht bei genauerer Untersuchung allemal entweder eine hohe Schulter, oder eine so genannte hohe Hüfte, oder schiefe eingedrückte Rippen, oder wenigstens einen schiefen Sförmigen Rückgrath augenscheinlich zeigen konnte.

Ich hatte Gelegenheit, selbst einige mir als Muster einer feinen Taille gerühmte Personen vom höchsten Stande näher zu untersuchen, und fand meinen Verdacht wegen der, freilich durch Kleider auch für Kenner sehr selten völlig, und für Nichtkenner fast gar nicht entdeckbaren, Verunstaltungen gegründet, so groß auch die Zuversicht war, mit der man sich, um mich zu widerlegen, auf eine solche berühmte feine Taille, als eine gerade, berufen hatte.

Daher sagte schon **Riolanus**, und nach ihm **Guillemeau**, daß fast bei allen Französischen Mädchen die rechte Schulter höher wäre, weil man weiß, daß die rechte Seite gewöhnlich stärker ist. Daher behaupten die angesehensten Holländischen Aerzte, daß in ihrem Lande, wegen der Schnürbrüste, unter tausend vornehmen Frauenzimmern nicht ein einziges gehörig gerade sey. Der Augenschein überzeugte mich davon in mehrern Provinzen Hollands. Es ist aber bekannt, daß man bis auf den heutigen Tag nirgends das Schnüren so weit treibt, wie in Holland.

Ich glaube, dieses reicht hin, um zu beweisen, daß der Einfluß der Schnürbrüste auf die Bildung mit Einem Worte Verunstaltung sey.

§. 104.

Allein, ist denn 1) der Gebrauch der Schnürbrüste so schlechterdings schädlich? und 2) kann er nicht bei kleinen, durch Krankheit verursachten, Verunstaltungen Nutzen stiften? 3) unterstützt eine Schnürbrust nicht schwache Kinder?

Auf alle diese drei Einwendungen läßt sich die Antwort zugleich geben, daß alsdann doch wenigstens eine Schnürbrust die natürliche Form, und nicht gerade die umgekehrte, haben müßte. So lange eine Schnürbrust die Gestalt behält, die sie bis jetzt hat, ist sie nicht allein überflüßig und unnütz, sondern, wie ich unwiderleglich dargethan zu haben glaube, auch offenbar schädlich, sobald sie das thut, weshalb man sie anlegt, daß sie nämlich die natürliche Form der Brusthöhle gerade umkehrt, oder den im natürlichen Baue mit der Spitze unterwärts gerichteten Kegel auf seine Spitze stellt, wie die Abbildungen deutlich zeigen.

Auf die zweite Einwendung läßt sich noch die besondere Antwort geben: daß auch hier die Schnürbrüste schädlich sind, ist durch Pott's Methode, die Buckel (Cyphosis) zu heilen, die ich und viele meiner Schüler so oft mit dem besten Erfolge bei dieser bis zum Erstaunen gemeinen Krankheit angewendet haben, ausgemacht worden. Alle, auch die sinnreichsten Maschinen, die man bis dahin gebrauchte, die Buckel zu heben, findet man nicht nur fruchtlos, sondern sogar zweckwidrig, schädlich, und auf einem falschen Grundsatze beruhend. — Die nähere anatomische Kenntniß der Ursache der Wirkung und des eigentlichen Zustandes der Knochen bei den verschiedenen Arten der Buckel, hat uns endlich deutliche Begriffe verschafft. — Ich könnte hier sehr vieles aus eigener Erfahrung beibringen, wenn ich nicht abbrechen müßte, da dieses eigentlich zur Heilung der Krankheiten gehört.

Daß Schnürbrüste, um auch auf die **dritte** Einwendung zu antworten, schwache Kinder nicht unterstützen, wenn sie etwa nicht selbst an ihrer Schwäche Schuld sind, habe ich schon oben gezeigt. Schwache Kinder bedürfen anderer Hülfe, als bloß der Unterstützung der Brust; und wäre die Brust allein schwach, so beengt und schwächt ein solcher Harnisch sie nur noch mehr.

Die Anwendung verschiedener Gürtel und Schnürleiber, welche bei manchen äußerlichen Schäden der Wundarzt nöthig hat, z. B. bei Magenbrüchen, u. s. w. gehören nicht hierher.

Wirkung der Schnürbrüste bei Schwangern.

§. 105.

Von Vielen werden die Schnürbrüste auch als Ursache der Unfruchtbarkeit angesehen; nämlich theils, in sofern sie die Geschäfte der Eingeweide, die in der Brust und im Unterleibe enthalten sind, stören und dadurch Verderbniß der Säfte veranlassen; theils, in so fern sie sich dem anwachsenden Uterus widersetzen.

§. 106.

Fassen die Schnürbrüste auch die Hüftknochen in sich, (§. 96.) so bedarf es keines Beweises, daß sie durch Verengerung des Raums der Beckenhöhle das Austragen des Kindes sowohl, als die Geburt, beschwerlich machen; da aber jetzt solche Schnürbrüste nicht mehr gebraucht werden, so halte ich mich hierbei nicht auf.

§. 107.

Läßt eine Schwangere frühzeitig genug mit dem Schnüren nach, so trägt sie ihr Kind doch immer mit mehr Beschwerlichkeit glücklich aus, als wenn sie nie wäre geschnürt worden. Die meisten Schwangern aber werden genöthigt, mit dem Schnüren nachzulassen, weil der sich mit dem Wachsthume des Kindes mächtig genug ausdehnende Uterus die Beckenhöhle und Bauchhöhle, und dadurch auch die Brusthöhle, allgemach mehr und mehr beengt, und die Eingeweide nicht ohne große Unbehaglichkeit vor sich her hinauf schiebt. Die meisten lassen daher auch um so williger nach, so bald sie merken, daß ihr Uebelbefinden dadurch aufhört.

Folgt man aber seinem Gefühle nicht, entweder, weil man nicht weiß, wie man sich helfen kann, oder, weil man sich nicht helfen, sondern lieber dulden, als eine vermeintlich schönere Gestalt entbehren will, so nehmen die Beschwerden immer mehr und mehr zu; und, widersetzt sich die Schnürbrust mit mehr Kraft, als der Uterus zu überwinden im Stande ist, so erfolgt eine zu frühzeitige Ausleerung desselben, ein Abortus, der, bei einem unausbleiblich todten Kinde, zugleich die Mutter in Lebensgefahr setzt. Alle Beobachter, die über die Schädlichkeit der Schnürbrüste aus eigener Erfahrung geschrieben haben, bestätigen dieses einstimmig.

Geht es etwas besser, so erreicht zwar das Kind mit dem Uterus, trotz einem fortgesetzten, aber freilich etwas nachlassenden Widerstande, seine völlige Größe, verändert jedoch den obern Theil der Brusthöhle so, daß nun nach der ersten oder zweiten Niederkunft die hohe Schulter unabänderlich vortritt. Während dies geschieht, litt die Mutter ohne alle Nothwendigkeit viel durch Kopfweh, Schwindel, beschwerliches Athmen oder Engbrüstigkeit, Uebelkeit, Erbrechen, Bauchgrimmen, Ohnmachten, Venengeschwülste, angelaufene Beine, Harntrieb, Stuhlzwang, Vorfälle des Afters, Verstopfung und Husten, auch wohl allerhand Brüche und Nervenzufälle.

Alles dieses läßt sich nach den bekanntesten Gesetzen der Oekonomie unseres Körpers sehr leicht erklären.

Kopfweh und Schwindel mußte die Mutter dulden, weil nun Schnürbrust und Uterus zu gleicher Zeit auf die Brusthöhle und Bauchhöhle drückten, und das Blut nach der allein vom Druck freien Höhle des Kopfes bestimmten.

Das Athmen fiel der Mutter beschwerlich, weil nun nicht allein die Schnürbrust, sondern (ungefähr so wie ein voller Magen es bei dem männlichen Geschlechte thut) auch der Uterus die Brusthöhle beengte, und die Lungen im Ausdehnen hinderte.

Uebelkeit und Erbrechen quälten die Mutter, weil durch Schnürbrust und Uterus der Magen zusammengepreßt, und sich auszuleeren genöthigt ward.

Bauchgrimmen, Coliken entstanden, weil bald dieses, bald jenes Stück der Därme durch den Uterus und die Schnürbrust gedrückt ward und schmerzte, oder weil der Unrath nicht fortkonnte, sondern Luft entwickelte und den Darm an einer Stelle bis zum Schmerzerregen ausdehnte.

In Ohnmachten versank die Mutter, weil das Blut durch die Aeste der absteigenden Aorte noch frei genug strömte, aber wegen des Drucks des Uterus und der Schnürbrust auf die Venen nicht gehörig zurückkehrte, folglich die Gefäße des Hirns zu weniges Blut erhielten.

Aus gleicher Ursache entstanden die Venengeschwülste der Füße in vielen Fällen, wo dieses ohne Schnürbrust nie geschehen wäre.

Der Druck auf die Saugadern der Füße verursachte, daß sich die eingesogene Feuchtigkeit in ihnen langsamer bewegte, und die Füße dadurch anliefen, schwollen.

Harntrieb entstand, weil die Urinblase, wegen des Widerstandes vom Uterus und von der Schnürbrust, sich nicht gehörig ausdehnen, nicht genug Urin aufnehmen konnte, und das wenige, was sie doch aufgenommen hatte, bald wieder durch den Druck vom Uterus und vom Schnürleibe auszuleeren genöthigt wurde.

Stuhlzwang peinigte die Mutter aus eben den Ursachen.

Desgleichen werden durch die nämlichen Ursachen die Därme in Brüchen, oder ihr Ende, der After, beim Vorfall herausgedrückt.

Desgleichen entsteht Taubheit, Unempfindlichkeit, Lähmung in den Füßen durch eben die Ursachen, nämlich durch einen Druck auf die Nerven, welche die unteren Gliedmaßen versorgen.

Die vielen übrigen eigentlich so genannten Nervenumstände wage ich nicht zu erklären, weil diese Lehre noch zu dunkel ist.

§. 108.

Nicht selten habe ich bei geschnürten Schwangern fast augenblicklich manche dieser Uebel verschwinden oder sich verringern gesehen, besonders aber Uebelkeit, Ohnmacht, Schwindel, beschwerliches Athmen, so bald sie nur den Brustgürtel oder die Schnürbrust ablegten.

§. 109.

Indessen bin ich doch mit Levret der Meinung, daß, wenn sich Frauenzimmer zu sehr an die Schnürbrüste gewöhnt haben, sie dieselben nicht gleich bei der Schwangerschaft ganz wegwerfen, sondern mäßig fortbrauchen, und nur allmählich sich ihrer entwöhnen sollen, da die schnelle gänzliche Ablezung einer andern unbedeutendern, selbst im Ganzen schädlichen, Gewohnheit dem Körper, wie bekannt, oft nachtheilig wird.

§. 110.

Sonderbar ist es freilich, daß gerade das weibliche Geschlecht, welches doch während der Schwangerschaft eine Erweiterung seiner Brusthöhle, um die hinaufgetriebenen Eingeweide aufnehmen zu können, so unumgänglich nöthig hat, und allen obigen Uebeln ohnehin schon ausgesetzt ist, vor der Schwangerschaft diese Theile so gewaltsam, oft nicht ohne körperlichen Schmerz, durch alle Kunst, so viel wie nur möglich, zu verengern sucht.

Noch sonderbarer ist es, daß Mütter, welche diese Erweiterung ihrer Brusthöhlen nicht nur selbst erfahren haben, sondern auch wissen, daß nach mehreren Kindbetten ihre so genannte feine Taille auf immer verloren ging, daß ihnen die Schnürbrust eine hohe Schulter zurück ließ, und daß sie während der Schwangerschaft sich wohl befanden, wenn sie auf eine feine Taille ganz Verzicht thaten — daß eben diese Mütter, sage ich, ihren eigenen Töchtern entweder ruhig gestatten, der Mode zu folgen, oder wohl gar eine Mode empfehlen, von welcher sie doch, durch eigene Erfahrung belehrt, voraus wissen, wie beschwerlich sie ihren Kindern in der wichtigsten Lebensperiode werden muß.

Ich habe Mütter von Einsicht und Erfahrung gefunden, die es voraussahen, daß im fünf und zwanzigsten Jahre unfehlbar ein Buckel das Loos ihrer Töchter seyn würde, und die sie doch einschnüren ließen, bloß weil sie sich scheueten, Sonderlinge aus ihren Kindern zu machen. Manche sagten es ihren Kindern voraus, und überließen ihnen die Wahl.

Doch kenne ich in Mainz edle Mütter genug, welche nie den Körper ihrer Töchter einer Schnürbrust aussetzten, weil ihr

Rang und ihr Vermögen sie über das Glück erhebt, das von der Form des Körpers bei dem weiblichen Geschlechte abhängt, und welche zur Belohnung dafür, daß sie ihrem Verstande und nicht der Mode gefolgt sind, ihre Töchter so schlank und gerade aufwachsen sehen, daß nun diese schönen Beispiele häufige Nachahmung veranlassen.

Die allgemein als die schönsten weiblichen Körper anerkannten Tschierkassierinnen bilden sich ohne Schnürbrust, welches ich nicht auf historischen Glauben nachschreibe, sondern wovon ich durch den Augenschein überzeugt worden bin; aber ihre Taille ist auch nicht schnürleibmäßig, oder wespenartig.

§. 111.

Ich kann indeß hier nicht ganz unerwähnt lassen, daß ich das so genannte Englische Kreuz, und alle so genannte Korsette, und die jetzt modigen Gürtel (Ceintures) nach meiner Erfahrung ebenfalls für nachtheilig halten muß. Wer auf Knaben Acht gegeben hat, wie sie ohne Englisches Kreuz und ohne alle Kunst gerader aufwachsen, als je ein geschnürtes Mädchen, an dessen Form man künstelte, bedarf keines Beweises, daß, wenn das Englische Kreuz wirkt, es nur nachtheilig für den Körper wirkt, weil er es nicht braucht. Genug also auch davon.

§. 112.

Uebrigens glaube ich nicht, daß in einer sonst gesunden Mutter die Bildung des Kindes leidet, außer in so fern sich eine Schnürbrust, oder die dadurch erregte Veränderung im Körper, dem allgemeinen Wachsthum des Kindes entgegensetzt, und, wie wir oben gesehen haben, eine zu frühzeitige Niederkunft verursacht. Wir sehen täglich, daß starke, gesunde, wohlgebauete, kurz: vollkommene Kinder, von den schwächlichsten, durch die Schnürbrust verdorbensten, aber sonst gesunden, Müttern ausgetragen werden.

Uebrigens ist es mir nicht unbekannt, daß **Pechlin**, **B. Scharf** und **Winslow** glaubten, sie verkrüppelten und erstickten die Frucht; daß **Ludwig** eingedrückte Spuren von der Schnürbrust auf der Stirne gesehen haben will; und daß **Siebold** einen großen so genannten Hirnbruch eines Kindes, der vermuthlich ein Fehler der ersten Bildung war, der Schnürbrust der Mutter zuschrieb. Ich habe ähnliche Fehler auch an eben geworfenen Thieren gesehen.

Wirkung der Schnürbrüste in Rücksicht auf die Gebärende.

§. 113.

Aus dem, was bisher gesagt worden ist, erhellet von selbst, daß, da die Beckenknochen durch die Schnürbrüste, außer wenn sie die Hüften umfassen, nicht verstellt werden, dieses die Geburt, in so fern der Uterus und das Kind einigen Antheil daran haben, nicht beschwerlicher macht. Ein wohlgebaueter starker Uterus, ein wohlgebildetes Kind, verrichten das ihrige, ein gut gebliebenes Becken widersetzt sich nicht; allein, was die Mutter betrifft, so sehen wir täglich, daß so, wie der Mutter mit einer durch Kunst hervorgebrachten feinen Taille die Schwangerschaft sehr beschwerlich wird, ihr in gleichem Grade die Geburt, besonders eines Knaben, ebenfalls meistens beschwerlich fällt.

Der knöcherne Brustkörper, der Zwerchmuskel, die Muskeln des Unterleibes, welche bei der Geburt mitwirken müssen, haben sehr gelitten, und der ganze Körper ist durch neun- oder achtmonathliche anhaltende Kränklichkeit geschwächt; sie können also nicht mit der im natürlichen Zustande (das ist, wenn ihr Körper nie einer Schnürbrust hätte entgegen arbeiten müssen) zu dem Geschäfte der Geburt völlig hinreichenden

Kraft mitwirken, noch sich nach der Geburt so bald wieder in ihren vorigen Zustand versetzen.

Wirkung der Schnürbrüste auf die Milchdrüsen und die von ihnen abhängende Säugung des Kindes.

§. 114.

Die zart gebauten, Milch absondernden Drüsen liegen auf den harten Rippen; sie werden also, wenn das Schnürleib, als ein ebenfalls harter Körper, gegen sie drückt, zwischen zwei harten Körpern gepreßt, und müssen, weil die harten Körper stärker als sie sind, nachgeben. Die Brustwarzen werden bei gelindem Pressen eingedrückt, und ziehen sich zurück, treten nachher, wenn sie sich dem Munde des Kindes darbieten sollen, nicht lang genug vor, und machen nicht nur den Müttern Schmerzen, sondern selbst den Geburtshelfern, wenn sie dieselben vor oder nach der Geburt des Kindes zu bilden sich bemühen, bisweilen ganz unnöthige Beschwerlichkeit; ja, oft ist alle Mühe doch vergebens, und die Mutter muß zu ihrem und ihres Kindes Schaden vom Säugen abstehen.

Ist das Pressen der Schnürbrüste auf die Milchdrüsen hinreichend stark, die Gefäße in einem Theile der Drüsen zu verengen, so sind sie die Ursachen der Beschwerlichkeit beim Absondern der Milch an dieser Stelle der Drüsen. Es entstehen Geschwülste, Entzündung, Aufbrechen der Brüste, so genannte böse Brüste, und völlige Unmöglichkeit, das Kind zu säugen.

Ist das Pressen der Schnürbrüste, oder des Planchetts, auf die Milchdrüsen so stark, daß sich die Gefäße an dieser Stelle der Drüsen völlig schließen, so entsteht daraus ein verhärteter Knoten (Scirrhus), welcher endlich in Krebs übergeht, und für welchen deshalb kein anderes Mittel, als das Messer, übrig bleibt, weil geschlossene Gefäße durch nichts wieder geöffnet werden können, sondern die Natur diese Theile als abgestorben, oft unter unaussprechlichen Schmerzen, abzustoßen sich bemühet. Gewöhnlich, wenn die Kranken Acht haben, werden sie Anfangs einen Schmerz an dieser Stelle bemerken. Lassen sie sich dadurch warnen, mit dem Drucke aufzuhören, so hebt sich das Uebel oft von selbst; folgen sie aber dieser Warnung nicht, so entsteht der todte, folglich keine Empfindung mehr gebende Knoten, welchen die Natur im Körper oft lange ruhig zu dulden scheint, bis sie zuletzt sich mit aller Gewalt bestrebt ihn wegzuschaffen, unter welcher Bemühung sie aber meistens erliegt.

Die Wahrheit dieser Sätze bestätigt sich: 1) da ein ähnliches Pressen auch an andern Theilen, z. B. an der Unterlippe durch eine Tabakspfeife, an der männlichen Brust durch einen Stoß, oder einen beständig gegenliegenden harten Körper, den Krebs veranlaßt; 2) da nirgends der Brustkrebs häufiger, als in Holland ist, wo man sich, wie ich schon oben gesagt habe, am stärksten schnürt. — Indeß ist dies freilich nicht die einzige Ursache dieses schrecklichen Uebels.

Wie manches Frauenzimmer trägt im Busen einen durch Schnürbrüste verursachten Knoten, von dem nur ein schmerzhaftes Mittel sie befreyen kann!

Wie manches durch Bildung und Verstand sich auszeichnendes edles Frauenzimmer; wie manche tugendhafte Gattin; wie manche liebenswürdige verdienstvolle Mutter sah ich unter den grausamsten Qualen und Martern viel zu frühzeitig dahingerafft werden! — Und wenn ich den Grund dieses auf dem Lande so seltenen, in Städten unter dem weiblichen Geschlechte so gemeinen unheilbaren Schadens untersuchte, so war es gewöhnlich eine in der Jugend in aller Unschuld getragene Schnürbrust!

Chronologisches Verzeichniß

einiger Schriftsteller über die Schädlichkeit der Schnürbrüste.

Felix Plater, Praxis medica. Basileae 1602. 8. Tom. 3. Libr. 2.
Rod a Castro de morbis mulierum. Hamburg. 1603. folio. im Vierten Buche. Cap. 4.
Guillemau Ostomyologie. Paris 1618.
Adr. Spigel de Corporis humani Fabrica. Francof. 1632. pag. 23.
Joh. Riolani, Joh. Filii, Enchiridion anatomicum et pathologicum. Paris 1648. 12. Libr. VI. Cap. 17.
Henr. Eysson Tractatus de ossibus Infantis. Groeningae 1659. 12. pag. 92.
Benj. Scharf de Conceptione. Jen. 1670. 4.
Georg Franck a Franckenau Satirae Medicae. Heidelb. 1675. 4. Satira XII.
Theoph. Bonet, Polyalthes sive Thesaurus medico-practicus. Genevae 1690 et 1693. fol. Tom. 2. libr. 3. cap. 14. pag. 138.
J. N. Pechlin Observationes medicae. Hamb. 1691. 4.
Ambrosius Paraeus Opera chirurgica. Francof. 1694. folio. pag. 653.
Rivinus de Morbis a Vestitu. Erford. 1721.
Laur. Heister Dissertatio de Principum cura circa Sanitatem Subditorum. Wieder abgedruckt in Schlegel's Collectio opusculorum ad Medicinam forensem spectantium. pag. 11.
Alberti de vestitus vitiis morborum caussis. Halae 1729.
Joan. Zacharias Platner de Thoracibus. Lipsiae 1735. 4. in seinen Opusc. Tom. I. pag. 95.
Bäck Schwedisches Magazin. 1739 (?) 1ster Band.
B. Winslow in den Mémoires de l'Académie de Sciences a

Paris, für das Jahr 1740. Seite 59; für das Jahr 1741. Seite 172.

G. L. Le Clerc de Buffon Histoire naturelle générale & particulière. Tome II. Paris. 1751. 4. page 457.

Lud. Gottfr. Klein Interpres clinicus. Frcf. 1753. 8. p. 163.

Christ. G. Ludwig Abhandlung von der Sorgfalt bei dem Wachsthum der Kinder; befindet sich bei der Uebersetzung von R. Nesbitt's Osteogenie, aus dem Englischen. Altenburg 1753.

Gottl. Oelsner vom schädlichen Mißbrauche der Schnürbrüste und Planchetten. Breslau 1754. 8.

Christ. Tobias Ephraim Reinhard satirische Abhandlung von den Krankheiten der Frauenzimmer, welche sie sich durch ihren Putz und Kleidung zuziehen. Glogau und Leipzig 1756. Th. II. S. 40.

Cor. Aug. Vandermonde Essai sur la manière de perfectionner l'espèce humaine. Paris 1756. 12.

Hogarth Analysis of Beauty.

G. M. Langguth de Morbis sexus sequioris ex nimio perversoque pulchritudinis studio oriundis. Wittenb. 1757

Bacher im Journal de Médicine et Chirurgie. Tom. VI. 1757.

Ghert im sechsten Bande der Verhandelingen d. H. M. d. W. te Haarlem 1760. — übersetzt in den Sammlungen auserlesener Abhandlungen zum Gebrauch für praktische Aerzte. Band II. Stück I. Seite 49.

Joan. Bapt. Morgagni de sedibus et caussis Morborum. Venetiis 1761. folio. Epistola vigesima sexta. Articulus vigesimus tertius. und Epistola 38. Artic. 55.

Andr. Levret L'Art des accouchements. Paris 1761. 8.

Joh. Astruc des Maladies des femmes. Paris 1761 bis 1765. 6 Bände in 12.

Peter Camper Preisschrift de Regimine Infantum, im siebenten Theil der Verhandelingen de Hollandsche Maatschappge de Wetenschappen te Haarlem 1762. Seite 388. 391. Einen Auszug davon findet man in den Sammlungen auserlesener Abhandlungen zum Gebrauch praktischer Aerzte; zweiten Bandes, erstes Stück.

Ballexserd sur l'Education physique des enfans, im siebenten Bande der Verhandelingen te Haarlem 1762. Wichtige Frage: Wie soll man Kinder von ihrer Geburtsstunde an bis zum mannbaren

ren Alter der Natur nach erziehen? Aus dem Französischen. Straßburg 1762. 8.

Rousseau Emil. Paris 1762. Oder: Traktat von der Erziehung. 1762.

H. D. Gaubius Institutiones Pathologiae. L. B. 1763. §. 592.

Georg. Gottl. Richter Dissertatio, Valetudo Hominis nudi et cooperti. Goetting. 1763. 4. — Wieder abgedruckt in den Opusculis. Tom. II. pag. 344.

Joh. Georg Zimmermann von der Erfahrung. Zürch 1764. 8. Seite 549.

Gerardi de Swieten Commentaria in H. Boerhaave Aphorismos. Lugd. Batav. 1764. 4. zum 1196sten §. Seite 10.

Jo. Huxham Opera physico-medica. Lipf. 1764. 8. Tomo 2, pag. 212.

Tissot von den Krankheiten vornehmer und reicher Personen; übersetzt von Drechsler. Frankf. und Leipzig 1765. Seite 65.

J. F. Zückert von der diätetischen Erziehung der entwöhnten und erwachsenen Kinder bis in ihr mannbares Alter. Berlin 1765. 8. Die neueste Ausgabe ist von 1787. Im zweiten Buch.

J. v. Zelder de noxis, ex varia Vestimentorum conditione. Lugd. Batav. 1765.

Alb. ab Haller Elementa Physiologiae. Lausannae 1766. 4. oder in der letzten Oktavausgabe dieses Werks, unter dem Titel: De Corporis humani Fabrica. Lausannae 1778. 8. Seite 2. desgleichen Tom. VI. Seite 59. — Tom. VII. Seite 22 und 25.

Le Vacher in den Mémoires de l'Académie royale de Chirurgie. Paris 1768. Tome IV.

Fr. B. de Sauvages Nosologia methodica. Amst. 1768. 4. Tom. I. Cl. 1. pag. 161.

Ch. Erh. Kapp Dissertatio de exstirpatione tumorum in mamma. Lipsiae 1768.

Carol. Caspar. Siebold Observationum medico-chirurgicarum Fasciculus. Wirceburgi 1769. 4. Seite 10.

Raulin de la Conservation des Enfans. Paris 1769. Deutsch Leipzig 1769 und 1770. Zwey Theile.

F

Mueller, Praes. Beireis, Cur feminae in Germania partubus laboriosis prae aliis gentibus magis sint obnoxiae. Helmst. 1769: Der Arzt für Frauenzimmer. Leipzig 1770. Seite 178.

Ernst Platner Briefe eines Arztes an seinen Freund, über den menschlichen Körper. Leipzig 1770. 8.

Christ. Gottl. Ludwig Adversaria medico-practica. Vol. 2. Lips. 1770. Parte 3. p. 558. Ebenderselbe, der oben angeführt ist.

Bonnaud Dégradation de l'Espèce humaine par l'usage de corps à baleine. Paris 1770. Seite 75. ─── Abhandlung von den schädlichen Wirkungen der Schnürbrüste sowohl bey Kindern als Erwachsenen, und insonderheit beim weiblichen Geschlecht. Leipz. 1773.

Portal in den Mémoires de l'Académie royale des Sciences à Paris, für's Jahr 1770 Seite 242, u. für's Jahr 1772 Seite 468.

Joann. Christoph. Unzer: Cur Feminis europaeis et illustribus prae aliis gentibus et rusticis partus sint laboriosiores. Goettingae 1771. 4. Seite 16.

Levret im Journal de Médicine für's Jahr 1772, oder Band 37. In den Sammlungen auserlesener Abhandlungen zum Gebrauch praktischer Aerzte, Band I. Stück IV. Seite 143.

J. Rud. Targioni Raccolta d'opusculi medico-practici. Fiorenz 1773.

A Roy Dissertatio de Scoliosi. Lugd. Bat. 1774. groß 4to.

Joh. Leber. Schmucker Chirurgische Wahrnehmungen. Berlin 1774. 8. Seite 54.

Carol. Friderici Kositzki Dissertatio de noxis Fasciarum gestationis et Thoracum. Goetting. 1775. 8. Frey übersetzt und mit Anmerkungen vermehrt von P. Gottfr. Jördens. Erlangen 1788.

Sal. Theoph. de Méza aus den Collect. Societ. medic. Havniensis. Tom. II. pag. 309. 1776. In den Sammlungen auserlesener Abhandlungen zum Gebrauch prakt. Aerzte, 3ter Band. Seite 325.

Bordenave in den Mémoires de l'Académie royale des Sciences à Paris, für's Jahr 1778.

Aug. Gottl. Richter Abhandlung von den Brüchen. Göttingen 1778. Seite 29.

Joh. Peter Frank System einer vollständigen medicinischen

Polizey, Erſter Band. Mannheim. Erſte Auflage, 1778. Zweite Auflage 1784. S. 486. Desgleichen dritter Theil, S. 756.

Tiſſot Traité de Nerfs. Lauſanne 1779. klein 8. Chap. VIII. §. XXIV. Seite 21.

van der Haan over het ſchadelyk Gebruik van Keurslyven en Bogels, im vierten Theil der Allgemeenen Vaderlandſchen Letteroeffeningen.

World, Vol. I. Nro. 50. Seite 271.

Ackermann in Baldingers Neuem Magazin für Aerzte. 1780. 2ter Band, 5tes Stück.

J. Aug. Unzer mediciniſches Handbuch. Leipz. 1780. S. 632.

(Camper) Oploſſing der Vraage door het Bataafſch Genootſchap te Rotterdam. Amſtelod. 1783. Cap. III.

Jac. Henr. Pfroepfer de Cauſis Phthiſeos pulmonalis. Jenae 1784. 8. §. 9. pag. 11.

European Magazin 1785. July. Seite 23. on the bad effects of ſome of the preſent modes of female Dreſs.

Chriſtian. Henric. Schnizlein Diſſertatio de Nauſea. Erlangae 1785. 4. Seite 45.

Joh. Georg. Frider. Franz Diſſertatio: Lipſia parturientibus ac puerperis noſtris temporibus minus lethifera. Lipſ. 1785. S. 83.

Joseph Claudius Rougemont, Etwas über Kleidertracht. Bonn 1786. 4.

J. M. Aepli, die Schädlichkeit der ſteifen Schnürbrüſte, mit zwei neuen Beiſpielen erwieſen, in der Gazette de Santé; oder: Gemeinnütziges mediciniſches Wochenblatt. Vierter Jahrgang. Zürch 1786. 8. Seite 404.

Chr. Gottfr. Gruner, in der Note zu ſeiner neuen Ausgabe von G. B. Codronchi de Morbo novo prolapſu ſcilicet mucronatae cartilaginis. Jenae 1786. Seite 22.

von Schoſulen über die Schädlichkeit des Einwickelns der Kinder und der Schnürbrüſte. Wien 1786. 8.

Joh. Henr. Müller Diſſertatio praeſertim de Vitiis quibusdam circa infantum educationem phyſicam commiſſis. Erlang. 1786. Deutſch, Erlangen 1790.

Pandora, oder: Kalender des Luxus für's Jahr 1787.

David Wormes, Praef. Goldhagen, Differtatio de vi Thoracum in foeminae corpus, formam, partum et lactationem. Halae 1788. 8.

Paul. Mascagni Vaforum lymphaticorum Corporis humani Historia et Ichnographia. Senis 1787. im größten Folio. Seite 98. Nota a). Seite 115. Nota a).

Joan. Frider. Pierer Differtatio de Noxis ex anteacta Sexus fequioris vita delicatiori ac molliori in graviditatem, partum et puerperium redundantibus. Jenae 1788. 4. §. 19.

Wilh. Joseph über die Ehe und physische Erziehung. Göttingen 1788. 8. Seite 240.

Joh. Peter Brinkmann Vergleichung der Erziehung der Alten mit der heutigen. Düsseldorf 1788. 8. Seite 293.

Georg Förster über die Schädlichkeit der Schnürbrüste; im Göttinger Taschenkalender vom Jahr 1789. Seite 162.

Ein Ungenannter, den Saltzmann mit meiner Abhandlung zusammendrucken ließ. Leipzig 1789. 8. — Siehe Göttingische Gelehrte Anzeigen 1789. Stück 32.

Wilh. Xaver. Janfen Brieven over Italien te Leyden. 1790. 8. Seite 24.

Fieliß in Richters chirurgischer Bibliothek. Band X. Göttingen 1790. Seite 308.

Fahner in Starke'ns Archiv für Geburtshülfe. Jena 1790. Band II. Stück II. Seite 64.

J. H. Müller über einige Fehler der körperlichen Erziehung der Kinder. Erlangen 1790. ist eine freye Umarbeitung seiner unter 1786 schon angeführten Differtation.

Ferd. Georg. Danz Programma de arte obstetricia Aegyptiorum. Gießae 1791. 4to. §. 5.

Adrian Wegelin in Starke'ns Archiv für die Geburtshülfe. Jena 1791. Seite 132.

Joseph von Mohrenheim Abhandlung von der Entbindungskunst. St. Petersburg 1791. groß Folio. Seite 46.